フレイのルーン

- フェイヒュー　p.22
- ウルズ　p.26
- スリサズ　p.30
- アンスズ　p.34
- ライゾ　p.38
- カノ　p.42
- ゲーボ　p.46
- ウンジョー　p.48

ハガルのルーン

- ハガラズ　p.52
- ナウシズ　p.54
- イサ　p.58
- ジェラ　p.60
- エイワズ　p.62
- パース　p.64
- アルジス　p.68
- ソウェイル　p.72

テュールのルーン

- テイワズ　p.74
- ベルカナ　p.78
- エワズ　p.82
- マンナズ　p.86
- ラグズ　p.90
- イングズ　p.94
- オシラ　p.96
- サガズ　p.100

マスターのルーン

- 禅マスター　p.102
- 笑い　p.104
- 禅公案　p.108

DANCING THE ZEN RUNES

ダンシング禅ルーン

市民出版社

Dancing the Zen Runes
by Ma Prem Letizia
Copyright © Ma Prem Letizia 1997

真に生きたいと願う者は、無条件に生きる
彼は生に必要条件を付けない
彼は言う
「何が来ようと、私はダンスを踊る
どんな状況であろうと、私はダンスを踊る
私はそれを生きる
私は全存在をもってその中に入っていく」
そのとき、生の恐れは消える
すべてをかけて生きれば、そこに恐れはない
すべてをかけて生きなければ、生は恐れをつくり出す

Osho, This very body the Buddha Chap. #4

はじめに ・ルーンの伝説 ……………………………5
　　　　・なぜ、禅ルーンなのか ……………………7
　　　　・禅とは何か ………………………………8

第1章　禅ルーンの解釈とキーワード

- ルーンとシンボル …………………………………12
- 絵画的シンボルとしてのルーン …………………14
- 禅ルーンと禅の引用文について …………………18
- 正位置と逆位置　フレイのルーン ………………22
　　　　　　　　　ハガルのルーン ………………52
　　　　　　　　　テュールのルーン ……………74
　　　　　　　　　マスターのルーン ……………102

第2章　禅ルーンの引き方と配置

- 禅ルーンへの尋ね方 ………………………………114
- 内なるスペースを生み出す ………………………116
- 禅ルーンの配置とプラン …………………………117
1. 基本の配置——1枚 ……………………………118
2. 過去の影響と結果、投影——3枚 ……………120
3. 判断——5枚 ……………………………………122
4. 星の配置——身近な物事への洞察 ……………127
5. 今生と他の生での問題点—7つのチャクラ …129
6. 過去生のリーディング …………………………134
7. 関係性の配置 ……………………………………135

CONTENTS
DANCING THE ZEN RUNES

第3章　禅ルーン・ダンス
- ●ダンス、瞑想、マジック ……………………………138
- ●禅ルーン・ダンスとは ………………………………140
- 1．競争に打ち勝つダンス ……………………………141
- 2．受容と歓喜のダンス ………………………………142
- 3．困難に打ち勝つダンス ……………………………143
- 4．創造性を発揮させるダンス ………………………145
- 5．ひとりで踊るルーン・ダンス ……………………147
- 6．支えのルーン・ダンス ……………………………148
- 7．癒しのルーン・ダンス ……………………………150

第4章　名前のリーディング
- ●名前のカルマ …………………………………………156
- ●名前のリーディング …………………………………159
  - **例1．マザー・テレサ**
  - **例2．アドルフ・ヒトラー**
- ●ルーンのアルファベットとキーワード ……………164

おわりに …………………………………………………………170

 はじめに

● ルーンの伝説

　ルーンという言葉はゴート語の「ルナ」に由来し、「神秘」、または「秘密の物事」を意味します。北ヨーロッパの伝説では、ルーンは北欧の神オーディンによって人間にもたらされたといいます。伝説によると、この戦の神は自らの魂を浄化するため、痛みに満ちた自己犠牲に耐え抜きました。それは刃で自らを傷つけ、九日間の昼夜「世界の木」に自らを吊るすというものでした。

　克己的な試練から、彼は新たな意識の境地を得ました。その中で「知識の源泉」を覗き込み、ルーンのシンボルをとらえ、新しく授かった知恵と喜びの啓示の中で、それをつかみ取ったのです。彼はルーンを人間の世界に甦らせ、この贈り物をシャーマンや司祭、部族の長たちと分かち合いました。

　ルーンの起源に関する古代の伝説は、イギリスの作家、ロバート・メイケイの興味深い歴史学説の中でも言及されています。彼によると、オーディンはヨーロッパでまったく知られていなかった東方の文化を携えて北東からやってきた、パワフルなシャーマンだったと言います。オーディンはその力を認められて尊敬され、苦しい浄化の儀式を耐え忍び、ルーンのシンボルを直感的にとらえ、それらを人間の世界に持ち帰りました。彼は、すべてを一変させるような試練によって生まれ変わった気持ちになり、自分にオーディンという新しい名前を与えました。

それは、「風」と「霊」を意味するものです。

この架空の逸話からオーディンの伝説が生まれ、その意味はシャーマンや部族の長たちの間で取り行なわれる儀式を通じて広く伝わりました。事実、シャーマニズムはもっとも古く、もっとも原始的な宗教の形のひとつと考えられています。それは今日もなお、いくつかの部族の文化の中で、異なった形をとりながら存続しています。

もともとシャーマンは部族の最高の賢者であり、共同体における治療者(ヒーラー)と司祭の両方の機能を担っていました。しかし次第に、シャーマンの機能は同じ家系の中で、世代から世代へと受け継がれるようになります。秘術と治療に不可欠な要素は、自然界の遺産として、一族の中で錬磨されていきました。事実、シャーマンたちの直感的な才能は、遺伝すると広く信じられていました。

若いシャーマンへの厳しい鍛錬は、自然界の諸力と「調和」するための内的な受容力を培いました。彼は、先祖伝来の治療技術、秘儀参入儀式、薬草療法の知識も学びました。彼らが生まれつき備えている霊的感受性を増幅し、儀式の力を強めるために、しばしばマインドを変質させるようなドラッグや、断食、催眠的なリズムが使われることもありました。

シャーマンたちは部族の中で深く尊敬され、自然界や霊界と接触する能力によって「特別な存在」と考えられていました。原始的社会の存続は、ひとえに優れた天候予測にかかっていたため、シャーマンの予言能力は末永い繁栄のために不可欠だったのです。

儀式に使用する道具のパワーを神秘的に高めるため、シャーマンたちは土地と人々の繁栄を守る特定の儀式にルーンを用いました。シャーマンたちは自らのパワーを強めるために、しばしば人間の血でルーンのシンボルを描くこともありました。

●なぜ、禅ルーンなのか？

ルーンに禅リーディングを用いるアイデアは、秘教的(エソテリック)ゲームへの関心から生まれました。生の体験は、心理学的で知的な方法によっても、あるいは単純に霊的理解のより深いレベルへ向かうことによってもアプローチできます。

ルーンを使うと、実存の非メンタル的な層にアプローチすることができます。それは、私たちが時おり見つめることを拒む、生のいくつかの側面に光をもたらすことです。これらの原型的なシンボルをリーディングしたり用いたりすると、知的で心理学的な抵抗にとらわれない、直感的で無意識裏の理解を目覚めさせることができます。

そして実存の根源的、右脳的、情緒的レベルに直接アクセスできるのです。ある意味でルーンは、私たちの情緒がどう移り変わるかを映す、一種のエネルギーのバロメーターとして機能します。

禅ルーンに助言を求めることは、様々な恐怖や、動機、今現在の私たちの行動に影響を与えている心理の、隠れた側面をより明らかに見る第一歩となります。

●禅とは何か？

禅とはそもそも何であるかを定義するのは、非常に難しいものです。その本質を定義しようとすること自体、すでに冒涜的に思えます。それは、禅の根本原理のひとつである否表現性に背くものです。

その本質に迫るには、おそらく芳香を引き合いに出すといいでしょう。嗅覚は、私たちの身体のもっとも古く、もっとも賢い感覚のひとつであり、マインドより遥かに「感度」がよいものです。この視点からなら、純粋に禅について考えることができます。たとえば、私たちは誰でも、目を閉じて、すばらしい香りを味わった瞬間を思い出すことができます。その豊潤な香りを自分の実存の一部として留めておきたいという思いから、できるだけたくさん吸い込んだ瞬間を。

私は、禅の質が確かな内なるスペースをつくり出すと信じています。それはあたかも、魂がその実存の一部と感じて認める芳香、香りのようなものです。そのスペースこそ、私が本書の中で伝え、作り出したいと願っているものです。それは、めったに見つけられない芳香、魂が酔うまでに吸い込まれ、日常体験の中に息づく芳香です。

しかし、禅について語る際、私が引用できるのは師(マスター)の言葉しかありません。光明を得たインドの覚者であるOSHO（和尚）は、講話録「*The Zen Manifesto*」（邦訳「禅宣言」市民出版社刊）の中で、禅を次のように語っています。

「……とても単純な現象だ。それはべつに、どこかへ行こう、何かを見つけようとするものではなく、ただたんに、自分自身をよく知るということだ。これが基本だ。

あなたはいる——もちろんあなたは、自分自身が誰なのか知る必要がある。渇望はいらない、欲はいらない。なぜならあなたは、何かになるわけではないからだ。あなたは存在の中に入っていく。あなたはすでにそれだ——知っていると否とにかかわらず。

だから必要なことは、ただひとつ。少し静かになって、内側を見つめることだ」

OSHOはまた、1977年4月、インドのプネーにおける講話の中で、次のように語っています。

「禅は、道徳とは無関係だ。それは純粋な宗教性だ……それは、何が正しく何が間違っているかを識別しない。それは、あなたの意識が、あらゆる状況をつぶさに見ることができるような明晰さを持つように求めているだけだ……

問題は、あなたの考えの何が正しく、何が間違っているかを見つけることではない。あなたの行為の何が正しく、何が間違っているかを見つけることではない。問題は、ただ正しいものだけが残り、偽りのものはすべて燃え尽きてしまうくらいトータルで、強烈な意識を見出すことだ。あなたが決める必要はない……禅は、ヒマラヤのもっとも高い頂に、意識のもっとも高い頂に属している。そこからは、すべての方角が明瞭に見渡せる。決める必要はない。あなたは、ただ単純に何が正しいかを

見る。それについて考えることすらない。あなたは、ただ単純に行動する」

　私は、師(マスター)に捧げる3つのルーンを特別につくりました。それらは、3つの基本的で純粋な禅のメッセージを携えています。

・禅マスターによって表される、鏡にも似た虚空の質
・禅マスターによって表される、笑いの放射
・沈黙の公案禅

　これらはすべて、ルーンを引いているときに突然出会う可能性のある、禅の純粋な洞察の多様な姿です。そして、この「驚きに満ちた」質は、いつも不意で予測不可能な禅マスターの教えを反映しています。
　禅の無限のニュアンスに関してさらに興味があれば、参考文献で挙げた本を何冊か読み、研究を深めてもよいでしょう。または、ただこれらのシンボルと遊ぶにまかせ、ふさわしい時にマスターのルーンと出会うのもよいでしょう。
　すると、うまい具合にマスターのルーンのひとつが突如として実存的な体験への扉を開き、あなたは言葉では言い表せないくらいすばらしい禅の芳香を楽しめるかもしれません。

第 1 章

禅ルーンの解釈とキーワード

ルーンとシンボル

　ルーンにアプローチするには、様々な方法があります。その象徴的な内容ゆえに、それらは水、太陽、火、氷といった自然の諸力に関係づけることができます。もしくは、人間の特性に目を向けると、勇気、信頼、強さなどといった心理的な側面として表現されます。しかし、もっとも大切なのは、それらの基本的な意味を理解する方法です。

　ルーンに関する著者の中で、もっとも重要な一人は、R・ブラムです。ブラムは霊的戦士の資質を伸ばすものとして、ルーンをリーディングしました。対照的に、M・ホワードの仕事は、もっと知的なアプローチに沿っています。それは、歴史的研究を通して、それぞれのシンボルの意味をより深く理解するというものです。西洋のアルファベットと、ルーン文字と、ルーン文字以前のシンボルの起源の関係を調査した著者もいます。一方、ドイツ、イギリス、北ヨーロッパなどの異なる文化における、名前とシンボルの多様性を比較した人たちもいます。

　個人的には、私はルーンを人間の原型を表すシンボルとして見たいと思っています。
　興味深いことに、ルーンのシンボルには原始的な社会のみが畏敬し得る水、火、氷など、自然の諸力に関係した膨大な数の概念があります。そのような原始的な原型という面では、ルーンのシンボルは、そのルーツを忘れていない現代のどの社会にも、容易に理解されるものです。それらはまた、自己実現の途

上にいる探究者に必要な資質と、彼らがその途上で直面しなければならない課題をも表現しています。

　今日ルーンは、主に日常生活における気運の目まぐるしい変化、仕事や人間関係、成長に対する運命の影響を予言するシンボルとして使われています。一方タロットカードは、組織化された社会の文化に根ざしているように見受けられます。それは、王や女王の存在を背景とした、君主制の世界を原型的に表しています。

　象徴的な観点から見ると、タロットの中で伝えられているシンボルは、荷馬車、運命の神の車輪、塔、悪魔、節制といった、文明化された原型の中に描かれていることに気づくでしょう。

　こうした原型的なシンボルが、穏やかな境地を求めて家庭生活を送っている人々が暮らす、秩序立った社会の中で生まれたのは容易に理解できます。

　しかしルーンは、もっと原始的で素朴な自然の諸力の世界へと入っていきます。これらの神秘的なシンボルをはじめて使ったとき、私はこの２つの大衆的な「秘教的ゲーム」——どちらも人知の深いレベルに触れます——のアプローチの違いに気づきました。さらに、ルーンには非常に特別で際立った質がひとつあります——古代の神話的シンボルであるがゆえに順応性に富み、占いに不可欠であることです。たとえルーンにタロットの持つ社会的側面が欠けているとしても、ルーンはより直感的、

原始的、霊的なリーディングの範囲を広げてくれます。

このようにリーディングすると、ルーンは日常生活の運勢の変化を知るのを助けたり、仕事上の出来事や人間関係への影響を指摘したり、現実に対するより良い視点を得やすくしてくれます。これらの古代のシンボルは、それを自分の旅の道連れと考える人々すべてにとって、日々のすばらしい鏡となります。

絵画的シンボルとしてのルーン

ルーンを用いたり研究したりしているうちに、私の絵画的シンボルへの理解は深まっていきました。その構造を研究するうちに、それぞれのシンボルを分解すると、「フーサーク」（ルーンのアルファベット）という24個の古典的シンボルを構成する、基本的なサインが見つかることを発見したのです。

こうしたゲームをしながらシンボルの大本の幾何学的な形を調べたところ、すべてのルーンが3つの基本的なサインで構成されていることが立証されました——すなわち半分の線、完全な線、角の3つです。

この3つのサインは、広くヴァイキング、ゲルマン、ケルトのルーンはもちろん、ルーン以前のシンボル、古代エトルリア語のアルファベットの中にも見られます。マスターのルーンとして紹介しているほかの2つのサインも、古代に起源がありま

す。たとえば手ですが、禅の公案の古典的シンボルである手は、今日、地中海沿岸の数ヶ国における古代から続く伝統の中に見つけられます。トルコとエジプトでは、このシンボルは今でも幸運をもたらすお守りとして使われています。

それぞれのサインの基本からシンボルを再構成する作業は、ルーンを学び、理解するのに面白い方法でした。絵画的構造のおかげで、それらの間の微妙な象徴的な関連を見つけ出すことができたのです。さもなければたぶん見落としていたでしょう。

事実、ルーンの記号の多くは、ルーン以前のシンボルから来ています。かぎ十字、十字架、矢、三角架などがそうです。たとえば、複数のエトルリア文字の筆写を注意深く観察すると、今日使われているルーンとの類似が数多く見られます。

ルーンシンボルのうち、『アンスズ』『ラグズ』『パース』『カノ』は、逆向きや折り曲げられた形を取りながらも、基本的にエトルリアのアルファベットと同じようにデザインされています。また、『ゲーボ』と『イサ』は、おそらくそのシンプルな絵柄ゆえに、エトルリア文字とまったく同じです。

しかしルーンの名前は、絵柄と発音の両方において、それぞれ異なる傾向にあります。これはおそらく、変化の激しい集団がルーンを文化の一部として取り込み、その言語の発音にルーンが繰り返し順応した結果でしょう。

秘教的シンボルの知識がある人々は、記号の力と洞察力を強めるために、シンボルと関連する名前と音がいかに重要かが理解できるでしょう。また、シンボルは思慮深く、善意から用いることも必要です。なぜなら、神秘的シンボルの誤用は、それを乱用した者に跳ね返ることがあるからです。

　そのような誤用の明らかな例がナチズムです。ナチズムは、そのイデオロギーと特別な組織エス・エスをあがめるシンボルとして、かぎ十字と『ソウェイル』を用いました。ルーンによってもたらされた力は、やがてこの暴力的で腐敗した体制に反旗を翻したのです。

　絵画的想像力を広げれば、もし『イサ』が固くて鍾乳石のようにとても冷たいもので、かつ新しい始まりを意味する『カノ』が正位置にあったら、この２つのシンボルの結合は『アルジズ』の持つ特質——明け渡しへの誘いと、生にスペースを与え、困難なときに保護を提供する能力——を意味することがわかります。

　同様に『エイワズ』の絵柄は、水の流れを表す『ラグズ』と、逆位置の『ラグズ』で構成されることを考えると、このルーンの意味は、妨害または行き詰まりであることがたやすく理解できます。この特別なルーンの位置は、攻撃的または防御的エネルギー、集中、自己を中心に定める衝動と共に働く、武術の動きを連想させもします。

同様に、2つの『ウンジョー』からなる『マンナズ』では、互いに支え合い、協力と成長の可能性に開かれた、意識的で安定した2人の人間の表現を見ることができます。このルーンは一体になっているペアの結びつき、贈り物のやり取り、「交換」でなく分かち合いを思い起こさせます。この与え合い、分かち合う態度は、情緒的、物質的豊かさのたまものです。

　同じく『イングズ』は、明らかに2つの『ゲーボ』の絵柄が合わさっており、一族と家族を意味します。男女間の二重に安定したバランスは、豊かさを得るのに必要な情緒的安定のシンボルです。そして、それは創造性と生殖へと転換していきます。
　一方、『ゲーボ』の絵柄が2つの逆向きの『カノ』で構成されているように見えることに注目すると面白いでしょう。このシンボルは、中国のタオのシンボルに見られる、陰と陽の出会い、愛と友情の出会いを意味します。

　ルーンのシンボルの絵柄の構成に表れる、このようなちょっとした投影は、この神秘的なシンボルの象徴的なルーツにより深く入っていくための招待状です。それらは、その単純さにおいて、私たちの内なる知恵に存在する、秘密の泉から訪れるメッセージを届けてくれるものなのです。

禅ルーンと禅の引用文について

　ルーンは伝統的に占いの道具として使われていましたが、そうしたあり方は、中世においてはキリスト教の司祭たちに魔術的な用具として非難されました。当時のカトリック教会による魔女狩りは、先祖代々から伝わる北ヨーロッパの土着文化のすばらしい精華が消滅するきっかけとなってしまいました。その後、ルーンは何世紀も見失われていましたが、今日再び正当な地位を回復し、私たちに計り知れない知恵を授けています。

　かつてルーンの占いは、その象徴的な言語を翻訳する媒体(ミディアム)として、シャーマンの臨在を必要としました。でも今日では、ルーンの伝承を詳しく述べた多くの本のおかげで、誰でもその活用法を簡単に学ぶことができます。

　本書は、これら古代のシンボルひとつひとつに対する心理学的、かつ霊的な理解を深めるためのガイドになることを意図しています。

　もともと北ヨーロッパのルーンの一組は、フレイ、ハガル、テュールといった神々にまつわる24個の古代のシンボルから出来ていました。

　しかし本書では、従来の24個のシンボルに、私が禅マスターのルーンと呼ぶ3つのルーンを新たに付け加えました。禅マスターのルーンと名付けたのは、それらが純粋な禅の知恵のきらめきを宿しているからです。

尚、本書では、ルーン・リーディングの中に禅の引用文を使い、直感的理解に必要な「虚空のスペース」を生み出すようにしました。私にとってはまさに禅の存在こそ、マインドとハートの内側を澄み渡らせ、理解を深めてくれるものです。

　ルーンを理解していくプロセスは、禅の真髄によってこそ可能です。禅はまるで爽やかな風のように、穏やかで静かな内なるスペースを開き、哲学や宗教としてではなく、詩のようにルーンを語ります。

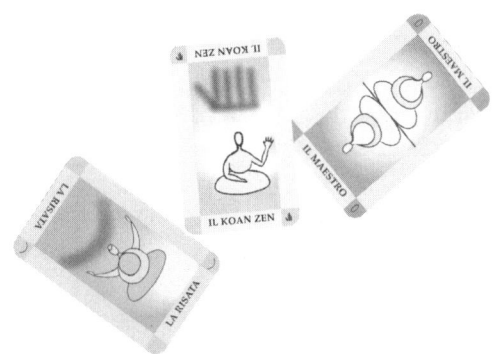

　又、付録の27枚のルーンは、使いやすいようにカードにデザインしてあります。各ルーンは「ルーン・ダンス」とも言える、特定の身体的ポーズの絵柄を伴ったシンボルで表されています。これは、古代のシンボルのパワーを理解するための、斬新で楽しい方法です。

フレイのルーン

フェイヒュー	p.22
ウルズ	p.26
スリサズ	p.30
アンスズ	p.34
ライゾ	p.38
カノ	p.42
ゲーボ	p.46
ウンジョー	p.48

ハガルのルーン

ハガラズ	p.52
ナウシズ	p.54
イサ	p.58
ジェラ	p.60
エイワズ	p.62
パース	p.64
アルジス	p.68
ソウェイル	p.72

テュールのルーン

テイワズ	p.74
ベルカナ	p.78
エワズ	p.82
マンナズ	p.86
ラグズ	p.90
イングズ	p.94
オシラ	p.96
サガズ	p.100

マスターのルーン

禅マスター	p.102
笑い	p.104
禅公案	p.108

フェイヒュー
FEFU

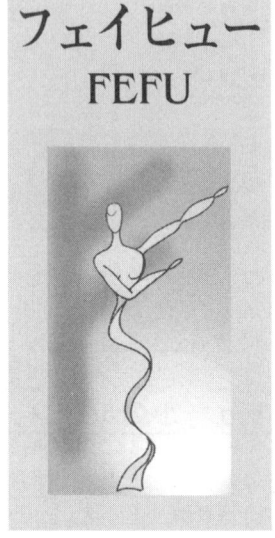

■正位置

富、バランス、祝祭、成就、分かち合い、幸運、成功

禅の人はただ段階を越えていくのみで、非難することはない。彼はすでに生を生き、生を知ったので、今度は何か永遠のものを知りたい。

—OSHO, *The Zen Manifesto*

今は幸運な時です。愛と欲望のバランスがとれています。けれどあなたの成功が、進行中のプロセスの一部であることを忘れてはいけません。成就の時は往々にして、所有との同一化に陥ってしまう可能性があります。こうした成就の特質は、あなたの振る舞いを毒し、視野を狭め、祝祭を制限しかねません。

幸運な時ではあるけれど、自分の成功を楽しみ、あなたの真実の貴さを人々と分かち合う必要があることを思い出してください。

あなたの幸運の物質的な現れと、様々な形でやって来る精神的な豊かさの調和を保ちましょう。あなたが触れるものはすべて黄金に変わるでしょう。

フレイのルーン

フェイヒュー

けれども、やり過ぎには気をつけてください。あらゆるものを黄金に変容してしまうこともあり得ます。ギリシャ神話のミダス王のように、人はすぐ黄金にうんざりし、ただのリンゴの味に飢えるようになるものなのです。

『フェイヒュー』は、文字Fのマザー・ルーンです。
これは満足と豊かさのルーン、富と所有、幸運なときに分け与えられる成功と祝祭のルーンです。
両手で富を抱えることで、『フェイヒュー』は所有の異なるスタイルに気づかせてくれます。分け与えることも、離さないでいることも可能です。所有の奴隷にも、主人にもなれるのです。この贈り物は、所有の維持に必要な気苦労のせいで、暗い牢獄や黄金の檻になってしまうことがあります。

『フェイヒュー』は富と満足のルーンです。そして、物質的な所有と同一化しないようにという示唆を含んでいます。
ギリシャの王ミダスが、神々の力によって、触れるものをすべて黄金に変容できるようになったように、貪欲は自分自身を他者から切り離す呪いになり得ます。
一方で、分かち合う態度は他者を助け敬い、祝祭となります。
正位置の『フェイヒュー』は手のひらを上に向け、神へ、他者へ、存在へ捧げることを表しています。
また『フェイヒュー』は、人生からの示唆と贈り物を受け取る通路でもあります。

FREYR

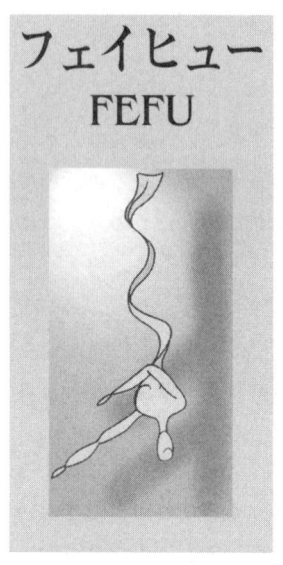

フェイヒュー
FEFU

◆逆位置

**所有、喪失、固執、執着、
同一化、無駄、
エネルギーの不足**

気づきの人は、あたかも草の葉からすべり落ちる水滴のように、ある瞬間からある瞬間へ、何も気にすることなく、ただすべっていく。

Osho, The Grass Grows by Itself

　逆位置の『フェイヒュー』は、所有に対する態度に目を向けることを勧めています。自分がどのように家や車、人間関係や仕事と同一化してしまったのかを認識してください。おそらくあなたは、相続した所有を失いつつあるか、新しく獲得した物を急速に失いつつあるでしょう。

　でも心配はいりません。何も持って行けはしないということを、ただ思い出しましょう。実のところ物を失うことで、スペースと静けさを得ているのです。起こっている物事にはメッセージがあります。そのメッセージがわかりますか？

　注意を集中して見ると、所有との関係、あなたに必要なものについて、そしてあなたの同一化について何かを学ぶかもしれません。執着することで、どれほどのエネルギーが無駄になっているでしょう？

フレイのルーン

　この点に光を投げかければ、『フェイヒュー』は再び正位置に戻ります。そして成功と幸運を表すバランスのとれたルーンは、人生を潤す助けとなるでしょう。

　『フェイヒュー』の逆位置は、富の減少、成功のはかなさ、気づきのない態度からくる予測できない行為に関係しています。

　このルーンは、所有、執着、失うことの恐怖、同一化の暗い側面に目を向けることを勧めています。

　こうした特質は、時間とエネルギーをおおいに無駄にし、緊張と不安の檻、壊せない牢獄と化します。なぜならそれらは、実在しないからです。

　『フェイヒュー』の逆位置は、現実にしがみついてはいけないと警告しています。これは停滞の原因となります。

　正位置の『フェイヒュー』は神、他者、そして存在への捧げ物として見ることができます。でも逆位置になると、潜在能力を妨げ、受容的な通路を閉ざし、手にしていたものを失うことになります。

　腕を空に向けて上げたり、地面に向けて下げたりすると、その違いが感じられるはずです。手を上げると高次元へと繋がり、手を下げるとエネルギーを失うでしょう。

　どのルーンの逆位置もそうですが、『フェイヒュー』にもメッセージがあります。そして、もしもあなたがそれを受け取るのなら、気づきの強さを通してルーンの向きを変えることができます。そして、肯定的な性質を取り戻し、存在の贈り物と祝祭を楽しめるようになるでしょう。

フェイヒュー　逆位置　FREYR

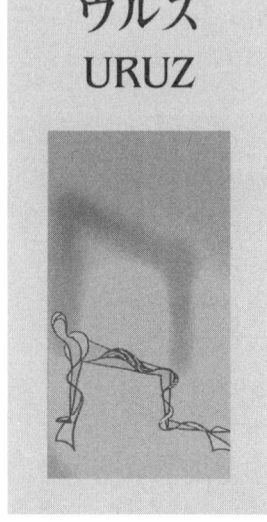

ウルズ
URUZ

■正位置

強さ、挑戦、変化、変容の過程、活力、雄牛の力

人間は模倣ばかりしている。他人の真似を続け、次第に自分自身が独特な存在であることをまったく忘れてしまう。

Osho, The Grass Grows by Itself

あなたはとてつもない変化を体験しています。何かが死に、新しい何かが到来しています。魂の暗い夜は、新しい輝く日のための土壌を準備しつつあります。革命的な変化は、終わりを表しているように見えるかもしれません。けれど、それは挑戦なのです。

火が剣を鍛えて作り出すように、この瞬間はあなたの中に新しい強靭さを生み出しつつあります。この過程をはっきり理解することで、自分の内なる力に触れることができます。

変容を許しましょう。偉大な教師である生が、あなたの成長を促しています。

困難なレッスンは、往々にして夜明け前の暗闇のようなものです。

フレイのルーン

ウルズ

FREYR

　このときこそ存在を信頼し、あなたを気遣う存在の神秘的な配慮を信頼しましょう。あなたの強靭さが、次の夜明けまであなたを支えてくれるのがわかるでしょう。

　『ウルズ』は文字Uのマザー・ルーンです。
　このルーンは強さと活力、変化の力と変容の過程を象徴しています。それは雄牛の力と活力、牛の強さと激しさ、自発性、限界を暗示するものです。限界を超えてしまうと、雄牛は盲目的で暗く、無意識で破壊的な激しい怒りの罠に落ちてしまいます。
　このルーンは夜明け前の暗闇、人間の意識が目覚める前の人獣を表しています。それはまるで、魔法によって獣に変えられたお伽話の王子様のようです。
　『ウルズ』の挑戦は、雄牛によって象徴されている無意識の力を鎮め、あなたの計画のためにその強靭さと活力を利用することです。もし自身の本能を試練の火で鍛えることを受け入れるなら、あなたはエネルギッシュな潜在能力を取り戻すでしょう。
　『ウルズ』を選んだら、その力を受け入れ、行動と活動、豊かさと献身、愛と創造性の生にその力を導けばよいのです。

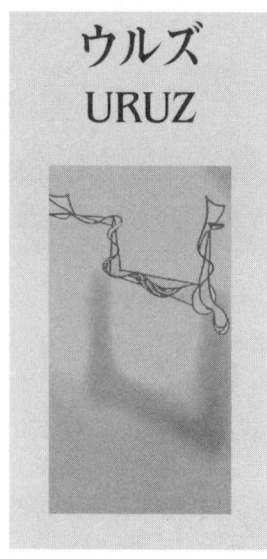

ウルズ
URUZ

◆逆位置

弱さ、不明瞭さ、焦点が合っていない、変化への抵抗

未来は種子のようなものだ。それはやって来る。絶えずやって来る。未来は、常に現在に行き着いては現在と出会う。あなたは常に動いている。

Osho, The Grass Grows by Itself

　目覚めましょう！　生はあなたの成長を促しています。でも、あなたは避けがたいものにとまどっています。あなたはすでに生の川の中にいます。そして存在は、あなたを大洋に運んでいこうとしています。でも、あなたはエネルギーと時間を無駄にしながら、流れに逆らって泳いでいるのです。

　目を覚まし、流れに身をゆだねましょう。渦の中心には必ず平和があります。周りで何もかもが渦巻いている間に、あなた自身の内側に静かな場所を見出しましょう。そして、待つのです。

　あなたの人生における不明瞭さは、だんだん一点に集まるようになるでしょう。この静けさの中で、あなたは弱さを強さに変容する勇気を見出します。世の有為転変を許しつつ、大洋に向かって流れ続ける必要があるという信頼を得るでしょう。

フレイのルーン

ウルズ　逆位置

世事の移り変わりなど不確かなものです。ひょっとすると、流れ続けていくことが楽しくなってくるかもしれません！

『ウルズ』の逆位置は、弱さと不明瞭さ、焦点が合っていない計画、そして成長への頑固な抵抗を表しています。

雄牛の力と激しさも逆位置ではコントロールできず、あなたを対処不能にさせているようです。実際このルーンは、あなたの人生を変容する強い衝動を備えています。目標に焦点を絞り、目的に達するための潜在能力を使ってください。

このプロセスに対する抵抗は、あなたの臆病さのせいで弱さに変わり、あなたの視野を歪め、底なしの無力さへと導きます。今、生へ踏み込んでいくには、あらゆる気づきが必要です。気を落ち着け、不健全な考えと自己不信を洗い流すことが求められています。そのときあなたは、この沈黙のスペースから選択できるのです。

『ウルズ』のエネルギーには、不安定やためらいの中間的なスペースがありません。あなたに可能なのは、自らの強情さに対する代償を挫折や喪失感で支払うか、それとも推移と転換のこの時に、雄牛に乗るべく意識的に直面することを選択するかのどちらかです。

もし中心に定まったスペースから動くなら、あなたはきっとこの知恵のエネルギーを創造的に使う方法を見出すでしょう。そして、潜在的なエネルギーに乗りながら、おそらくそれを楽しみ始めるでしょう。最終的には、それをどう乗りこなすかを発見するでしょう！

FREYR

スリサズ
THURISAZ

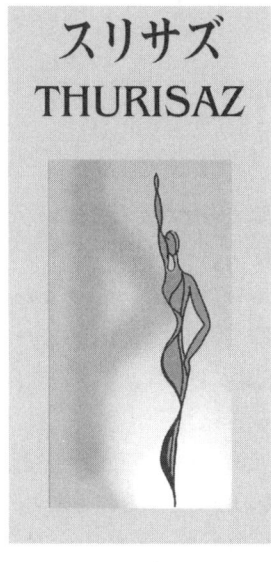

■正位置

入口の番人、洞察、熟考、過渡期、注意深さ、反省

禅がふさわしいのは、知性をそなえ、成熟して、もはや子供じみておらず、大人になった人だ。そこに必要なのは、大胆であること、そしてすべての隷属を捨て去ることだ。

Osho, The Zen Manifesto

　この瞬間、あなたは境界に住んでいます。旅を続ける前に、あなたの過去の手荷物を選り分ける時です。人間関係やプロジェクトや仕事において、完成すべきものがあるかどうか、はっきり理解してください。

　『スリサズ』の入口は、あなたの人生における、ある段階の完成を表しています。それは、新しい無限の可能性への始まりです。これを過渡期と認めれば、過去から自分自身の荷をたやすく降ろせるでしょう。

　境界は鏡として機能し、あなたの地獄や天国をくっきりと映し出します。

　制限から自由になるために、この機会を利用しましょう。軽くなればなるほど、高く飛べることを理解しましょう。

フレイのルーン

スリサズ / FREYR

『スリサズ』は文字ＴＨのマザー・ルーンです。

このルーンは、キリスト教徒にとっての聖ペテロ、ダンテの「地獄篇」のカロンなどのような、境界の守護者を表しています。

『スリサズ』は、この過渡期を観想のスペースとして利用し、人生を振り返って、回想的に観察することを勧めています。

このルーンは、聖なる審判のイメージを思い起こさせます。その審判の場では、過去が遥かに遡って再訪され、あなたの気づきに対して生がありのままに示されます。魔法の鏡に映し出されるように、あなたの人生の重要な出来事が明らかになり、意識的に自分の責任に直面せざるを得なくなります。

これは、どの過渡期にもある魔法です。それを認めることは、過去を再び見つめる必要性を受け入れることを意味します。何を継続すべきかを学び、余分な手荷物と今までの隷属状態を手放してください。

それを見とめた瞬間、あなたは新しく有益なものを手に入れ、吸収します。人格に新たなバランスをもたらしましょう。

守護者はフィルターのようなもの、私たちの気づきに対する鏡のようなものです。しかし実際は、ただの影にすぎません。私たちの無意識の投影、現実の全貌を明らかにするための鏡なのです。

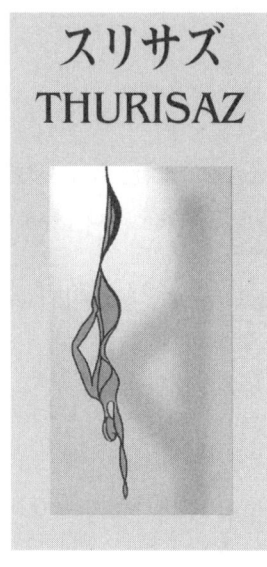

スリサズ
THURISAZ

◆逆位置

頑(かたく)なな態度、警告、過去への執着、エネルギーの制御、延期、誘惑

その門はとても狭い。あなたが何か特別な人間であるなら、そこへは入れない。エゴを消し去り、ほとんど無でなければならない。その時にのみ、現在の門はあなたのものとなる。

Osho, Ta Hui: The Great Zen Master

　新しい可能性の境界に到達したにも関わらず、あなたは自分自身が疑いに覆われていることを知ります。『スリサズ』の逆位置は、延期するか否かのジレンマを表します。なぜあなたはためらっているのですか？　過去への憧憬は、今ここでは価値がありません。思い出に変化を妨げさせてはいけません。

　引き返すことも、意識的に前に進むことも、いつだって可能です。選択はあなたの手の内にあります。人生の目的が成長することであるなら、あなたは境界を越える一歩に、どんな犠牲でも進んで払うでしょう。新しいものの中に入っていく機会はめったにありません。準備しましょう。これは進むための挑戦です。

フレイのルーン

スリサズ　逆位置

『スリサズ』の逆位置は、頑なな態度、閉鎖、用心のしすぎ、自信のなさと新しい物事への恐れから生じる延期、既知の物事に対する執着、過去への憧憬に捕らわれることを表します。

逆位置の『スリサズ』は心を開くこと、もっと内省することを勧めています。

人生の変化によって新しい機会に直面するときは、押し黙ったまま孤立状態に引きこもってしまうことも、自分の今のあり様を見つめながら自己を保つことも可能です。こうして人は、変化の門——少年から青年へ、青年から熟年へ、あるいは熟年から老年への過渡期——を通り抜けるのに必要なバランスと強さを認識するのです。

人生の変化はすべて、死の異なった形態です。チベットのバルドーは、生のもっとも大きな変化である死そのものに対する準備ですが、『スリサズ』も新しいものの境界に近づいたときに行なう意識的な準備を暗示します。

頑なな態度、ためらい、恐れ、そして過去への憧憬は、あなたの魂を過去に縛り付けてしまう罠です。あなたはこの時期、精神的な成長によって、より調和した人生の方向と次元を選択できるのです。

FREYR

アンスズ
ANSUZ

■正位置

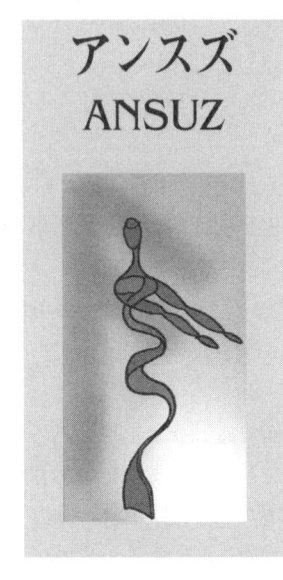

メッセージ、コミュニケーション、
助言、驚き、新しいつながり、
新しい道、注意深さ、
耳を傾けること

生は解かれるべき謎ではない。それは生きられるべき神秘だ。生は深い神秘だ。信頼し、その中へ入っていくことを自分自身に許しなさい。

Osho, No Water No Moon: Talks on Zen Stories

今は心を開いて、どんな指示やメッセージでも、選別せず受け取りましょう。たとえ、どんなに些細でつまらないことのように思えたとしても、それは新しいプロジェクトを始めたり、新しい道や、新しいつながりを体験することを助けてくれます。

このルーンは、インスピレーションや驚きを、様々な形や外観の中に呈示します。だから注意していましょう。

また『アンスズ』は、バランスや活力を見出すことを勧めています。これは、あなたのもっと素晴らしい創造性に触れるための機会です。あなたの創造的な質を養い、自分を表現する準備をしましょう。

必要や欲望からではなく、豊かさから湧き起こるインスピレーションと通じてください。そのとき他者との平等な関わり合いは、あなたの成長にとって、実り豊かで役立つものになるで

フレイのルーン

しょう。

『アンスズ』は文字Aのマザー・ルーンです。

アルファがギリシャのアルファベットの始まりであるように、このルーンはコミュニケーション、創造性、存在からのメッセージやサイン、新しいつながりと賢明な真実への扉を開きます。

『アンスズ』は、様々な形で内なる知恵に耳を傾けることを勧めています。その声を聞くことは、キリスト教徒だったら守護天使のような聖霊の導きでしょう。ニューエイジの友人たちだったら、地球外との接触を通じることかもしれません。それにまだ不充分だと感じているなら、人類の文化的な遺産である集合的無意識の知恵とつながることも可能です。

このルーンの絵柄は、太極拳の基本的な構え――非常にシンプルで楽な姿勢を思い起こさせてくれます。なぜなら『アンスズ』は、受容的でオープンであることを勧めているからです。ルーンのポーズを真似たら、腕と手は、『フェイヒュー』の逆位置のように落ちるのではなく、信頼にあふれ、受容的で、待ちのポーズであることに気づくでしょう。このオープンな状態は、創造性やインスピレーションが、知恵とともに花開くためのスペースです。

実際『アンスズ』の知恵は、知識からではなく、あなたの経験、あなたの本質からやって来ます。このルーンは驚きに満ちてやって来ます。そして、受容的な態度でそれを迎えるのはあなた次第なのです。

アンスズ

FREYR

アンスズ
ANSUZ

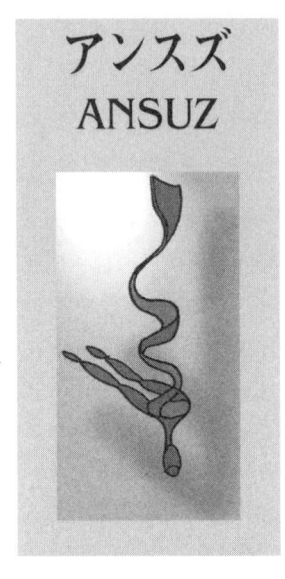

◆逆位置

**コミュニケーションにおける不明瞭さ、
古い行動パターン、誤解、
明確なヴィジョンの欠如**

真実は、内なるおしゃべりが止んではじめて顕れる。あなたが深い無の中で独り残されるとき、議論はなく、賛成や反対もなく、支持や不支持、言葉や思考はなくなる。

Osho, Dang Dang Doko Dang

今、あなたの不明瞭さが混乱を生み出しています。そして、あなたを取り巻く過去の霧が、あなたの視界と方向感覚を曇らせています。それはあなたを不愉快な反応や誤解に至らしめ、その結果、関係する能力に影響を与えかねません。

どんな些細なことでも、困難に気づいていてください。それらは、もはや無用の古い行動パターンを省みることを示唆しているのかもしれません。この自省のプロセスは、真実に触れることを容易にし、あなたのとるべき選択を認識させてくれるでしょう。

否認は混乱の感覚を長びかせるだけです。メッセージを受け取りましょう！　たとえ不快なことであっても、この体験は自己を受け入れる質と理解を深めるのに役立つでしょう。

フレイのルーン

アンスズ 逆位置　FREYR

　『アンスズ』の逆位置は混乱した活動、協調の欠如、コミュニケーションにおける不明瞭さと困難を象徴しています。
　このルーンは、言葉、考え、欲望、そして期待であなたが一杯のときに、内側や外側の声に耳を傾けることがどんなに困難かを思い起こさせてくれます。

　逆位置の『アンスズ』は、他者に心を開くことを勧めています。誤ったことの伝達や、過度の無関心は、人間関係や仕事のつながりにおいて、コミュニケーションの欠如を作り出すだけです。間違った評価や誤解は、無駄な緊張や対立を引き起こす可能性があります。この状態は、集合的知恵からあなたを引き離し、あなたに生と神の摂理への信頼を失わせてしまうかもしれません。

　これとは逆に、もう一度心を開くために独自の道を模索しながら、自己の中心へと向かうことは、この混乱を克服する助けになるでしょう。受容性の成長は、『アンスズ』が正位置になる力を取り戻させてくれます。そして、あなたの人生を豊かにするメッセージや贈り物を授けてくれるでしょう。
　母なる自然に触れ、母なる自然を信頼しましょう。すると、こうした象徴(サイン)や友人は、困難な時を強さとオープンな心を持って乗り越えるための助けだとわかるでしょう。

ライゾ
RAIDO

■正位置

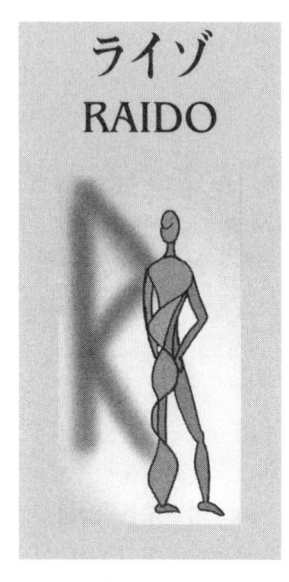

旅、拡張への支え、探検、発展

*私たちは歩く。だが歩く者はいない。
ただ歩きだけがある。では、そこか
ら抜け出ようとしているのは誰か？
その途方もない違いを見てごらん。*

Osho, The Grass Grows by Itself

あなたは長い道のりをやって来ました。旅は困難だったかもしれません。けれども今、変化の風はあなたの味方です。目的地が見えています。新しい一歩は、あなたの内なるガイドと触れていなければなりません。このつながりが、あなたに真実の礎を授けてくれます。

抵抗はひとりでに落ちていくでしょう。それには自らを直観にゆだね、新しい体験を身につけていくことです。仕事の面においては、創造的に事業を広げ、新しい可能性を探る良い機会です。

いくらかの努力がまだ必要です。でも風は追い風です。この機会が差しのべている援助の手を感じましょう。存在があなたを助けてくれるまま、自分を目的地に連れていきましょう。

フレイのルーン

ライゾ

　『ライゾ』は文字Rのマザー・ルーンです

　このルーンは、新しい限界の探究や、知識の発展、そして仕事の拡張と関係があります。同様に、旅や旅行とも関係があります。

　『ライゾ』は、霊的平安を求め、安らぎと休息を探求する有名な旅人を暗示します。このルーンの絵柄は、歩く姿勢を示しています。着実に経験を積み、それを小脇に抱え、必要なときは役立てられるようにしましょう。

　このシンボルは不可避なものを表しており、人生の示唆を受け容れ、絶好の機会がやって来たらその風に乗ることを勧めています。存在は時に、まったく予想外の方法で驚くほど興味深い方向へとあなたを導いていきます。

　『ライゾ』はすべての旅人を守るルーンです。あなたの実存を拡大させるために新しい刺激を与え、知られざる地平の探求を支えてくれます。旅の過程では、新しいものに対する直観と適応力が試されます。それはあなたの性格を強め、ゴールへと近づけてくれるものなのです。

FREYR

ライゾ
RAIDO

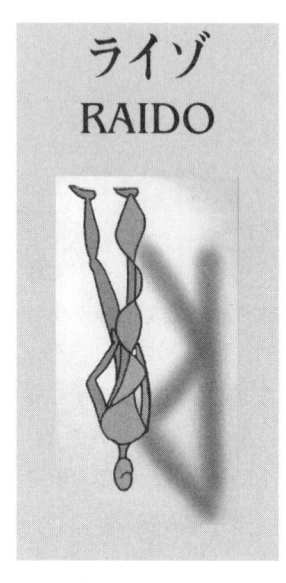

◆逆位置

障害、変化、困難、中断、応答する能力

生は闘いや闘争ではなく、純粋な安らぎであり、自らの安らぎの中へ深く沈んでいくことだ。深く沈んでいけばいくほど、あなたは溶けていく。

Osho, The Zen Manifesto

障害、変化、そして困難は、あなた自身の責任をより深く見るための機会です。

反応するより、むしろ応答しましょう。このときに体験する失敗は、どれも他人とのコミュニケーションがうまくいっていない結果と言えます。それは旅の道連れ、友達、家族、あるいは仕事仲間などでしょう。

もしかしたら、それは単にあなたの態度の変化を勧めているだけなのかもしれません。今は内側を見る時です。それは他者を変えようとする気持ちを鎮め、自己変革の内なる錬金術が起こる可能性を高めてくれます。

直観に耳を傾けると、反応と自発的行為との違いが区別できるでしょう。反応する代わりに応答することを心がけましょう。

フレイのルーン

ライゾ 逆位置

応答することは、『ライゾ』を再び正位置に戻し、その贈り物を分かち合う助けとなるでしょう。

『ライゾ』の逆位置は、プログラムの変化、思いがけない中断、計画したプログラムの予期せぬ遅れを表しています。

人生の活動は、旅になぞらえることができます。そして、その旅の途中の出来事は、応答する能力があるかどうかを示すためのテストなのです。

責任（*responsibility*）という単語は、反応（*reaction*）と応答（*response*）とに大きな違いがあることを思い起こさせてくれます。

『ライゾ』の逆位置は、突発的な反応によって道をはずさないようにと告げています。態度を変えることは、計画の変更よりも良い結果をもたらすでしょう。

逆位置の『ライゾ』は、困難に直面し、行為の形で答えを見出すための挑戦です。なぜなら、ゆがめられた期待の結果としての反応は、現実に対する明晰な洞察を汚染してしまうからです。

『ライゾ』の逆位置は、他者や現実を変えようとするのではなく、予期せぬことに対して創造的な解決を見出しなさいと告げています。怒った神々の巻き起こした風によって、ユリシーズの乗った船が吹き飛ばされていったときのように、あなたも予期せぬ新しいことを利用して経験を豊かにし、性格を強靭にすることができます。

FREYR

カノ
KANO

■正位置

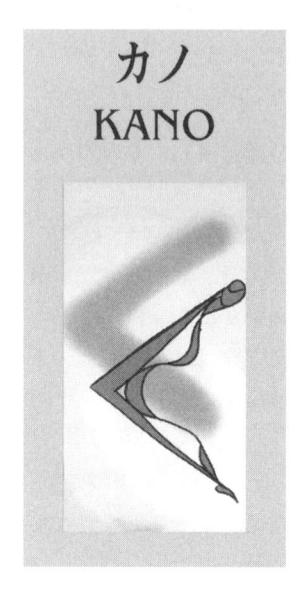

**火の力、明晰さ、解明、
自信、オープンであること、
新たなスタート**

そして、光を借りる必要はない。光はいつもあなたの中に燃えている。内なる炎だ。ひとたび内なる炎を見つけたら、それは宇宙全体を完全な形で見つけたということだ。

Osho, The Zen Manifesto

あなたは困難な時期を通り抜けてきました。このことが暗闇を見通す能力を高め、自信を与え、新たな仕事の開始を可能にしてくれます。

あなたには現実をありのままに見る明晰さ、疑念を払い除く光、限界を認める気づき、そして継続する意志が備わっています。

関係性においては、お互いに助け合い、理解し合う時になり、今までの相互理解の欠如を晴らす光がもたらされます。

友情や恋愛関係では、これまで経験してきた暗い時期はもう終わり、新しいオープンな質が関係性のあり方を高めてくれます。

燃え続けていた炎は、今やあなたの手中にあります。だからあなたは、それを光として経験できるのです。

フレイのルーン

カノ

『カノ』は文字KもしくはCのマザー・ルーンです。

このルーンは私たちに火の力、夜を照らす炎、自尊心と内なる明晰さの成長によって花開く、オープンな心を思い起こさせます。

『カノ』の絵柄は、括弧の始まりのような形をしていて、生における新しい時期の始まりを意味します。

プロメテウスがオリンポスの神々から火の秘密を盗み、人類に炎を与えたのと同じように、『カノ』は贈り物としてやって来ます。そして、あなたをしつこく取り巻く闇に光をもたらします。

この存在からの贈り物は、魂の闇夜が終わり、夜明けが近づいていることの証明です。夜明けを待っている間に、目覚めつつある気づきの炎によって、あなたは暗闇と影を見通す能力を体験します。

松明の性質のひとつは、光を向け、闇を消散させ、疑念を払い除き、あなたの限界を理解することです。こうして内なる明晰さと自尊心を養うことができるのです。

『カノ』は可能性を開花させる力を持っています——関係することを容易にし、あなたの自信を強めることによって。

FREYR

カノ
KANO

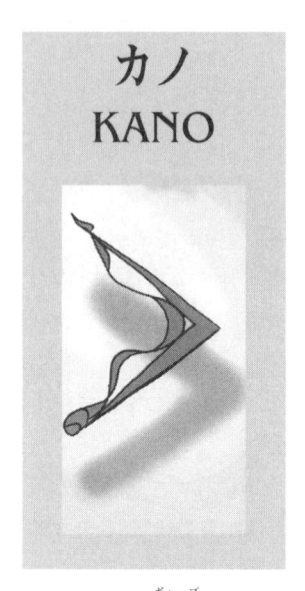

◆逆位置

**終結、ギャップ、
古い思考パターン、
夜明け前の暗闇**

*何の罪悪感もなく喜ばしげに超越で
きるよう、生のすべてを生きなさい。*
　　　　　　　Osho, The Zen Manifesto

　あなたは狭間(ギャップ)にいます。古い仕事、思考パターン、関係は終わっています。これが変化だとわかれば、新しい機会のために必要なスペースを創造できるでしょう。

　『カノ』の逆位置は、物事の終わりに意識的に直面することを勧めています。でもあなたは、あるがままであることに戸惑うかもしれません。これは自然なことです。けれどもし心から誠実であるなら、なすべきことをはっきり理解するでしょう。

　新たな未開の領域へあなたを導く冒険として、この時を体験しましょう。この時期の変化は、自発的な気持ちを起こさせ、成長を助けてくれるでしょう。

　『カノ』の特質は、朝を待ちながら夜空を見つめることを思い起こさせます。空にはこれほどまでの星があり、その瞬きはただ輝かしいばかりです！

フレイのルーン

カノ 逆位置　FREYR

『カノ』の逆位置は、閉じる括弧を表しています。それは突然爆発し、あらゆるコントロールを越えてしまう可能性を抑制する態度です。一方でこのルーンは、ある過程や仕事や関係を完結するための示唆とも受け取れます。

いずれにせよ、意識的になりなさいと警告しています。なぜなら、今の状況にどんな解答が与えられていても、それが否定され、延期されてしまっては危険なものになり得るからです。また、潜在する肯定的なエネルギーは、思わぬ事件を通して解放され得るからでもあります。

火がコントロールされているときは、光や暖かさをもたらしますが、もしコントロールを失えば破壊的になります。活火山が火を噴出する必要があるように、どんな薪の火も自らを燃え尽きさせる必要があります。

火の力は浄化をもたらす要素とも考えられます。なぜなら、それは余計な物をすべて破壊し、人生のある階段を根本から断裁するからです。

この可能性に気づくと、意識的な儀式によって破壊性を変容できます。そして、いらない重荷をどんどん燃やせるのです。

破壊性が変容されれば、『カノ』は再び正位置に戻り、悲劇は光と歓び、生の祝祭へと変わるでしょう。そして、夜明けを待って踊る自分自身を照らす明かりとして、この火を使えるようになるでしょう。

ゲーボ
GEBO

■正位置

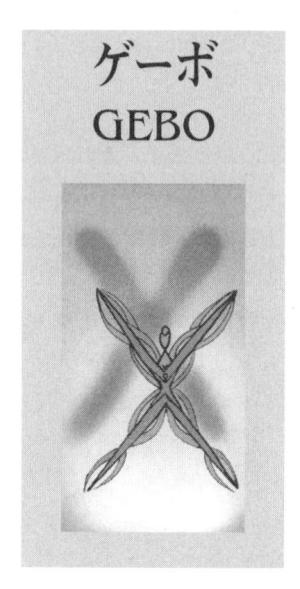

交流、寛容さ、陰陽、愛、調和、友情、すばらしい贈り物

愛は与えられなければならない。そうすれば、ひとりでに愛はやってくる。

Osho, The Sound of One Hand Clapping

『ゲーボ』は、あなたの個性とユニークさの開花を表します。

あなたは今、内面で体験している調和を、周りの人々とバランスを失うことなく分かち合うことができます。実際あなたは今、恋人や友人や他者との交流を通して成長する用意ができています。

これは可能性です。直観と受容性の特質を、合理性と活動の特質と融合することを許すなら、この交感はとても美しいものとなります。この統合の中から、人に滋養を与える愛の質が、至福とともに分かち合われるでしょう。

内なる統合によって、依存というよりはむしろ互いに支え合うという質の中において、新しい自由が花開くのを体験するでしょう。

フレイのルーン

ゲーボ / FREYR

　これは最高の贈り物、交感の究極の形です。なぜなら友情は愛の最も高度な形だからです。

　『ゲーボ』は文字Gのマザー・ルーンです。
　それは、他者との内的融合と交感をはっきり表しています——陰陽のバランスの錬金術、平等でバランスの取れた愛の調和、友情の贈り物、そして仲間たちとの間で取り交わされる信頼の贈り物の象徴です。
　『ゲーボ』のポーズをとると、大地にも空にも、南にも北にも、西にも東にも心が開くのが容易にわかるでしょう。
　『ゲーボ』の正位置は、バランスの取れた車輪の強さ、タオの融合——男と女、黒と白、高いものと低いもの、昼と夜——へと溶け込む陰陽の力を持っています。

　『ゲーボ』はほかにも、調和のとれた方法で交感を可能にする対等性を表しています。また、ひとたび自己を信頼し、自分を愛する内なるバランスを得たら、そのとき他者との間に愛と友情、融合とパートナーシップに基づいた出会いが起こることを示唆しています。
　この贈り物は、必要性からではなく自発的に分け与えたいという思いから、他者に向かって流れ出るエネルギーを象徴しています。

ウンジョー
WUNJO

■正位置

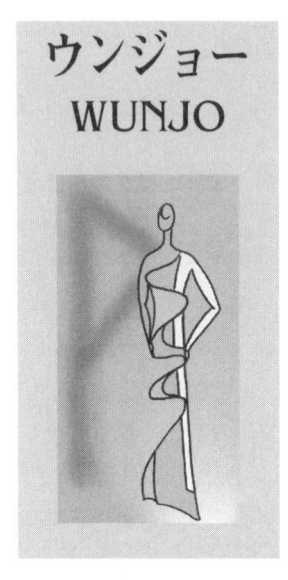

喜び、成功、成就、祝福、成熟、理解

愛とは溢れ出す喜びだ。愛は、自分が誰であるかがわかったときにある。そのとき、あなたの実存を他者と分かち合うことを除いては、何ものも存在しない。

Osho, The Guest

今はあなたの人生における素晴らしい時です。雲が晴れ、太陽が再び輝き始めていて、明晰さと理解をもたらしています。

今、様々な物事を通して、存在があなたに分け与えている贈り物を体験しています。この虹の色すべてがあなたの物です。この祝福を楽しみましょう。

あなたは生きることを通して学びました。得た知識は、あなたの存在の中心から生じる新しいエネルギーとの接触をもたらしています。

あなたは今、どう進むべきかをはっきり見ることができます。なぜなら、『ウンジョー』の性質は喜びと光であり、あなたの旅を助け、成功を約束するものだからです。

でも、プロジェクトに野心や目的を持たず、計画を立てないでおきましょう。それは、あなたの足を引っぱるだけです。

フレイのルーン

ウンジョー FREYR

　今は、むしろ直観の導きにまかせましょう。あなたの喜びと達成を他者と分かち合うにしろ、ひとりで楽しむにしろ、その導きを信頼してください。どちらにしても、成熟から来る祝福と満足の感覚をもたらすでしょう。

　『ウンジョー』は、文字ＶまたはＷのマザー・ルーンです。
　このルーンは喜びと成熟、祝福と理解のメッセージを携えています。
　そのエネルギーはとても有益で、私たちに春の暖かさ、花開く木々の香り、そして生、自然、その開花に対する強い信頼を思い起こさせてくれます。
　『ゲーボ』が男女の結合のルーンであるように、『ウンジョー』は恋人たち、友人、仕事仲間の調和のとれた連帯が生み出す自然なエネルギーです。
　このルーンの絵柄は、『ラグズ』と、それが持つ川の流れに関係する特質を連想させます。
　『ラグズ』の直観と感情的なエネルギーは、成熟と成就に向けた道で必要とされる完成のために、『ウンジョー』においてそれ自身に戻ってきます。
　実際にこのプロセスに触れると、物質的な世界、精神的な世界、そして関係性において多くの贈り物を得るでしょう。
　新しいプロジェクトを始めてエネルギーを散らしてはいけません。存在の導きを受け入れ、受け取るものを素直に受け取るようにしましょう。

ウンジョー
WUNJO

◆逆位置

**惨めさ、不調和、
行き詰まり、不幸**

ひとたび普通の人生を祝福する用意ができたら、それはもはや普通ではない。

Osho, The Sound of One Hand Clapping

あなたは「行き詰まり」に至ってしまいました。あなたはそれを欲求不満や、困難、危機として体験しています。

この瞬間を利用し、あなたの動機を調べ、何が欠けているのか、忘れているものがあるとしたら、それは何なのかを確かめてみましょう。

あなたは本当に内なる声を聞いているでしょうか？　それともエゴの声を聞いているのでしょうか？　自分に強制することに忙しくて、周りのエネルギーとの調和を忘れ、バランスの欠如や不幸を引き起こしています。

あるいは、自尊心の欠如か、惨めさや不調和をつくり出す古いパターンなのかもしれません。不調和をつくり出す否定的な思考——それは、あなたを取り巻く暗雲のようです——によって、容易に消耗してしまう可能性があります。

フレイのルーン

ウンジョー 逆位置

FREYR

　今は、基本的に速度を落とす必要があります。身を任せ、受け取ることを許してください。今は、誠実さと辛抱強さこそが、あなたに滋養を与えます。そうすることで、逆位置の『ウンジョー』の特質を転換させるでしょう。この変化がもたらされるなら、自己不信や不幸の多くは、受容と笑いの暖かさによって次第に溶けて消えてゆくでしょう。

　『ウンジョー』の逆位置は、行き詰まり、疑い、欲求不満、不安定さと自己不信の段階を現しています。逆位置の『ウンジョー』は、あなたの成熟さを試すものです。

　自己不信や不安定さとして表現される疑いは、どんなことをするのにも大きな障害になります。

　自分自身を苦しめる代わりに反省するなら、疑いの霧はバランスのとれた忍耐のぬくもりによって吸収できるでしょう。

　小さな遅れを受け入れるなら、自己判断の代わりに現実をつぶさに見られるでしょう。このようにして、あなたは自分の失敗から学ぶことができます。そして、不満や怒りの感情を消化することで、楽しみながら気楽に決断するようになるでしょう。

　これは可能です。なぜなら、逆位置の場合でさえ、『ウンジョー』は贈り物と祝福を運んでくるからです。あなたが見る空の雲は、あなたの心の中にしかありません。それは、意志の風によって吹き飛ばすことができます。同じように、不安定さや不信は愛と喜びの太陽の光で溶かすことができます。

　リラックスすれば、あなたは『ウンジョー』の贈り物を受け取るスペースを生み出すでしょう。そして、シンボルを再び正位置に向け、実りある成果によって人生を照らすことでしょう。

ハガラズ
HAGALAZ

■正位置

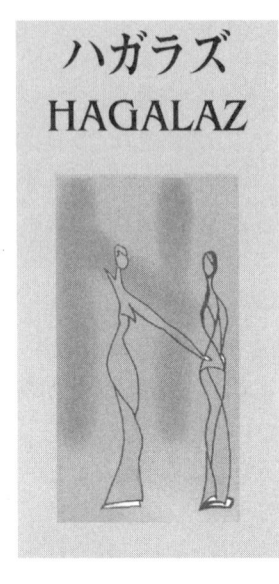

**自然の威力、葛藤、努力、
衝突、完成、
不要なものの除去**

あなたは「これは夜だ」と言い、また「これは昼だ」と言うことができるが、究極の中では、夜は昼の中に消え去り、昼は夜の中に消え去る。

Osho, The Zen Manifesto

　あなたの人生にサイクロンがやって来つつあります。もしまだ動き出していないなら、それは革命的な時を運んできます。古いパターン、仮面や同一化は吹き飛ばされてしまうでしょう。そしてスペースが生まれます。

　このルーンには逆位置がありません。それは自然の猛威と共にやって来ます。不要なものは、コントロールを越えた力によって一掃されるでしょう。仕事仲間との衝突は避け難いかもしれません。でも結局、これは関係性をすっきりさせてくれます。『ハガラズ』は、自分の仕事を大切にすることを思い出させてくれるでしょう。

　もしも自分の安全、仕事や人間関係を当然のことと考えているなら、葛藤や努力はあなたの性格を試すものであることを思い出しましょう。あなたが正直なら、サイクロンの中心に自分

ハガルのルーン

自身を見出すでしょう。不要なものが取り除かれるとき、この過程を勝利として認めることでしょう。

『ハガラズ』は文字Hのマザー・ルーンです。

このルーンは津波や、地震、サイクロンといった自然の力を持っています。

こうした自然の原始的な力は、人間の内なる葛藤、努力や闘いを反映しています。同じように自然の混沌(カオス)は、あなたの内なる混乱を映し出します。本質的な音声であるHを伴う『ハガラズ』は、純粋で力強いエネルギーの爆発を表しています。それは人を駆り立てたり、導いたり、滅したり、壊滅させたりします。

革命や混乱は、生の結果としてもたらされるものです。頭で正しいことと間違ったことの区別をつけようとしても、徒労に終わるでしょう。なぜなら、『ハガラズ』は区別を越えているからです。

この混乱の時には、対極のものが出会い、溶け合うことが強いられるでしょう——錬金術的な変容がそれらを新しい現実のもとへ返してくれるまで。あらゆる堅固なものが崩れ、どんな弾力性のあるものも歪曲し、可動性のあるものすべてが置き換えられます。

同様に、安全や確信の幻想も、強い力によって無効になってしまうでしょう。

『ハガラズ』は禅マスターのようです。存在の意志にゆだねる自然な道を発見するまで、あなたを極限まで引き上げていくのです。

ハガラズ

HAGAL

ナウシズ
NAUTHIZ

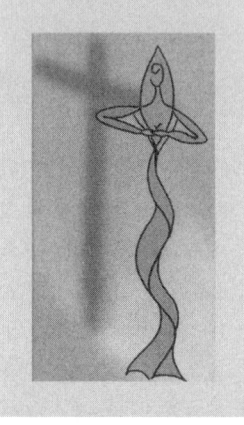

■正位置

**教訓、制約への対処、
必要性の認識、駆り立てる
力としての必要性**

マインドを消してしまいなさい。その方法は闘うことではない。それは、ただ気づくことだ。

Osho, A Sudden Clash of Thunder

あなたは今、誰もが持つ影に向かい合っています。これは私たちの中にある暗い抵抗する側面であり、しばしば私たちが他人に投影する側面です。

人生のこの時期は、困難なものと思われがちですが、真の必要性と目標を理解するための途方もない機会にもなります。これは視野をしぼり、全エネルギーをひとつの計画に集中することによって起こり得ます。

深く洞察するなら、あらゆる不運、苦しみ、そして拒否の根は、自分自身の抵抗にあります。これを認識することは、抵抗を自由なエネルギーに変容します。すると、暗闇は導き手に変わり、暗闇は味方へと変わるのです。

今こそ反応を止め、自分は犠牲的だと感じることを止める時です。逆境は、自己のエネルギーの途方もない蓄えを思い起こ

ハガルのルーン

させてくれるものとして利用できます。しかし、あなたはそれを様々な方向にばらまいています。

　自分のエネルギーを再び方向付けることを選択するなら、きっと信じられないほどの成功へと導かれるでしょう。

　『ナウシズ』は文字Nのマザー・ルーンです。

　このルーンは、自分の資質を賢く利用し、真の必要性を認識すること、生に現れてきた必要性を集中と行動の原動力として活用すること、困難を教訓として受け取ることを思い起こさせてくれます。

　このルーンを引いたら、それは困難な状況によって明らかになった必要性とは何か、またそれをどう認識したらよいかということです。この必要性は、あなたの才能を研ぎ澄まし、より簡単で新しい方向を見出すことを可能にしてくれます。

　困難な時というのは、不可能な課題として感じられたり、あなたの経験、感情、そして知性を協調させる能力に磨きをかけるための練習として感じられたりするものです。

　『ナウシズ』は、以前正しいと思っていたことや、知的な解決の価値は役立たないことを示しています。だから、価値ある必要性を見極める能力を発揮し、自分は無力であるという考えに押しつぶされてしまわず、創造的な解決法を生み出しましょう。

　このルーンは、あなたの能力を創造的に変えるための、困難であるけれども必要なテストです。プレッシャーに押しつぶされず、逆境や制約を利用しましょう。

ナウシズ

HAGAL

ナウシズ
NAUTHIZ

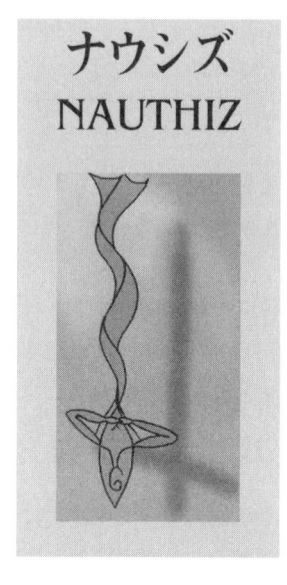

◆逆位置

教訓、強制、反応、認識されていない必要性

生の環境ではなく、あなたの心の持ち方を変えるようにしてみなさい。外側の状況を使って、内的な状態を変えるように。

Osho, The Sun Rises in the Evening

ナウシズの逆位置は、苦しみと限界の時を表します。

怒り、復讐そして残忍さといった習慣は、無意識に表面化し、あなたの目を自らの闇や否定性から離さないように強いるかもしれません。

この傾向を認識し、この燃え盛る時を歩きぬきましょう。こうして、あなたの好まないことが明らかになり、変容され得るのです。

エネルギーの世界では、プラスとマイナスは対極に位置し、その事実に価値判断を運び込む余地はありません。あなたは創造的な方法で、潜在能力を使うことができます。この体験は、炎が鉄を鍛えるように、あなたの存在を強くするでしょう。自己判断という雲を越えた地平線上で、自分の欲求はとても素朴で人間的なものだと気づくでしょう。

ハガルのルーン

ナウシズ逆位置

『ナウシズ』の逆位置は、欲求を認めたり、不快な現状に適応することに対する抵抗を示します。このエネルギーのおかげで、自分の反応を観察できるのです。

人生の辛い時期は否定的な態度になりがちですが、現実の矛盾を解決する手助けにはなりません。同じく、頑なさや否定は、堂々巡りの拒絶のパターンへと導くばかりで、どんな解決法も与えてくれません。

この逆位置の『ナウシズ』は、失望を「注意深い気づき」へと転換する方法を学びなさいという暗示です。おそらく人生で窮地に追い詰められ、出口がないと感じたときこそ、自分の方向性を変えようと決意できる時なのでしょう。

逆位置の『ナウシズ』は、物の見方を変え、今までとは異なった方法で現実を見つめ直したらどうかと提案しています。本当に必要なものを認識し、自分を現実に適応させれば、新しい解決法は見つかるでしょう。こうして新たに成長し、ゴールに辿り着けるのです。

HAGAL

イサ
ISA

■正位置

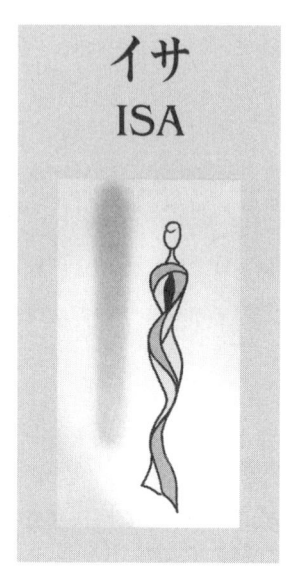

自己中心、ためらい、凍りついた恐れ、自己の結晶化

いつも私は言っている。「氷が溶けるように、溶けて、溶けてあなたを取り巻く大海とひとつになりなさい」。あなたは、まさにその海の中にいる。

Osho, God is Dead: Now Zen is the Only Living Truth

　このルーンは、精神的な冬の前ぶれを表します。古い行動パターンの冷気は、あらゆる行動に停滞をもたらします。

　この時期に出会う困難、障害、妨害はすべて、現在通過している精神的な冬によるものです。雪と氷は凍りついた古い行動パターンのことで、今直面している不快感も、自我を押し通したがゆえの頑なな態度が原因です。

　今は、安全だけれども頑なな考え方を捨て去る時です。ためらいは、人生からの距離感や疎外感を永続させるばかりです。自己への愛によって周囲を暖め、変化に対する抵抗を溶かしましょう。春はすぐそこまで来ています。表層のすぐ下に、新しい人生が萌え出そうとしているのがわかるでしょう。あらゆる抵抗を溶かし、自己を解き放つことです。

ハガルのルーン

イサ / HAGAL

『イサ』は文字Iのマザー・ルーンです。

このルーンは氷と冷たさ、鍾乳石、過度の集中と、凍りついた恐れ、不安定なパワーの終わりを表します。自己中心性は、人間の行動を他者や世界や現実に対して閉じた、自己本位のレベルに押しとどめます——あたかも冬の氷や霜と雪の降りた湖や山のように。

この時期は、エネルギー的には恐れや、冷たく自己中心的なパワーと関わります。そしてそれが柔軟性の欠如、判断、孤独を引き起こしているのです。

『イサ』は、痛みを伴う別離や、参加することへの欲求不満に盲目的に反応することを表します。でもこの否定的なパワーは、多くの肯定的な可能性もはらんでいます。

雪に閉ざされた大地を想像してみてください。そこには春に芽ぶこうとするエネルギーを蓄え、緑豊かな木の力強さを秘めた静かな種子が、大地に根づいていると感じられるでしょう。

もしあなたが、雪に覆われた大地を覚醒の穏やかな光で照らすなら、氷は溶けてしまいます。そして、その種子を大切に育てることで、そのパワーを人生に役立てることができるでしょう。こうして『イサ』は変容され、そのパワーは肯定的に使われるのです。

ジェラ
JERA

■正位置

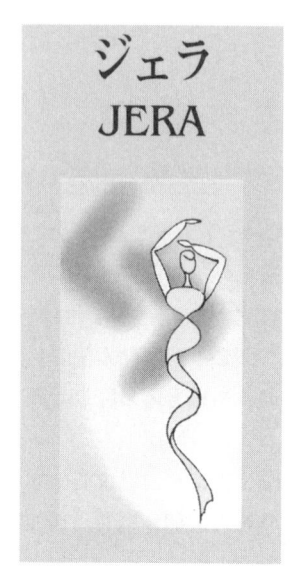

プロセスに必要な時間、達成、仕事の合間の休止、収穫、四季のサイクル、報酬

すると、時は訪れる。もし求め続けるなら、あなたが幾生にもわたって願い続けてきたことが起こる。

Osho, The Sudden Clash of Thunder

『ジェラ』は、2つの『カノ』で表されます。このシンボルは、四季の移り変わりのサイクルを表しています。ひとつの季節が終わり、次の季節に移るときは、休息の時です。

今は、萌かれた種子が芽生えるのを待つことです。一連のサイクルはすでに始まり、時が熟せば花は開き、実を結ぶでしょう。待っている間、今動いているプロセスと、そのサイクルが完結するのに必要な時間がわかるでしょう。大地が肥沃であれば、種に必要なのは成長する時間だけです。

この期待は、あなたを幸福にするでしょう。あなたは自分のなすべき仕事を誠実に行なっており、今は座って静観していればよいのです。そして自然は、あなたの行為を必要とせずに進行しています。

ハガルのルーン

同じように、仕事上の努力や人間関係において、あなたはすでに未来の収穫のための基礎を固め、そのプロセスを始めているのです。

『ジェラ』は、Jのマザー・ルーンです。

このルーンは四季のサイクルを、あらゆるプロセスが完結するのに必要とされる時間を、そして成長のサイクルを識別するために必要な休止の時を告げています。

『ジェラ』の絵柄は、2つの『カノ』をひとつは真っ直ぐに、もうひとつは逆向きに合わせたような形をしています。それは、括弧の記号の始まりと終わりを表しています。

このシンボルは、始まりと終わりのプロセスを含み、その一方で外側に開かれた時間と空間を有しています。それはCDがすべての情報を含んでいるように、小さな種子がそれ自身に可能性を内包していることの象徴なのです。そしてこの両者には、適切な基盤や注意、そして開花の時が必要です。

農夫が畑に種を蒔いたり、コンピューターのオペレーターがプログラムをスタートさせるときは、仕事が完結する過程に必要な時間を待つものです。同じように、すでに種を蒔いたり仕事を始めたなら、生がその結果を実らせてくれると信頼していいのです。

適した時期に報酬はやってきます。1年かかるか、1週間か、1ヶ月かわかりませんが、存在は充分にあなたの仕事を理解しているのです。

ジェラ

HAGAL

エイワズ
EIHWAZ

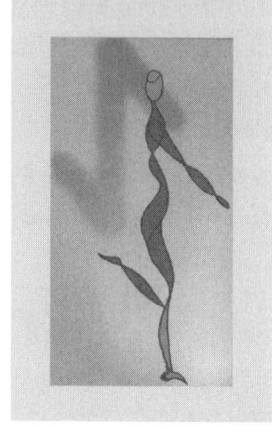

■正位置

変革の力、粘り強さ、忍耐、辛抱強さ、持続性

これほどまでに美しい、あなたの闇を与えた神に感謝しなさい。なんと汚れなく、純粋であることか……。その中にくつろぎなさい。すると、それは消える。

Osho, The Sun Rises in the Evening

　忍耐と辛抱がこのルーンの特徴です。『エイワズ』は、活動しすぎのあなたに方向転換を勧めています。あなたはその過程で、最初は障害と闘い、遅れに抵抗しますが、やがてある種の静かな傍観の境地に達するでしょう。

　新しい冒険が始まるときは、その新しさを今までの枠の中に融合させる時間が必要です。このルーンは、あなたの速度を緩め、望まない結果を回避する力を備えています。それは、状況を判断するきっかけをつくってくれます。防ぎ得る困難や、避けられる結果が見極められるのです。

　今は計画を再検討したり、恐れずに行動できる時を待つ時なのかもしれません。今は不都合だと思えることも、歩もうとしている道をもっとよく見つめるために必要な指標です。

ハガルのルーン

　このルーンに逆位置がないのはおもしろいことです。でも、このルーンが逆位置になったら……それは柔軟さをもって忍耐を養うようにとの忠告です。

　『エイワズ』は、文字Yのマザー・ルーンです。
　このルーンは回避する力であり、また外部の干渉を見守りなさいという忠告です。それは、不透明な時期を通り抜けるために、充分に気づき、注意深くありなさいと告げています。また、あるがままの現実を見極め、忍耐強く、辛抱強くあることを勧めています。

　『エイワズ』は、存在があなたに試練を与え、あなたの成熟を試しているとき、中心に在って注意深く見守っていなさいと勧めています。あなたは、不快な出来事や盗み、プロジェクトへの干渉に対して、過剰反応に陥りがちです。緊張や怒りはエネルギーのバランスを狂わせ、鬱状態や神経症に陥ることもあります。しかし、こうした行為が得になることはありません。

　でも、試されていると気づけば、反応をゆるめ、心穏やかに待つ準備ができます。

　この状況に立ち向かうには、日常生活の中で忍耐を保ち、注意深くあることが最上策です。こうした状況を克服すれば、新しい資質を得るでしょう。外部の干渉は直面せざるを得ないものであり、いずれは克服されるものです。このことを心に留めながら注意深く、かつリラックスしていましょう。

エイワズ

HAGAL

パース
PARTH

■正位置

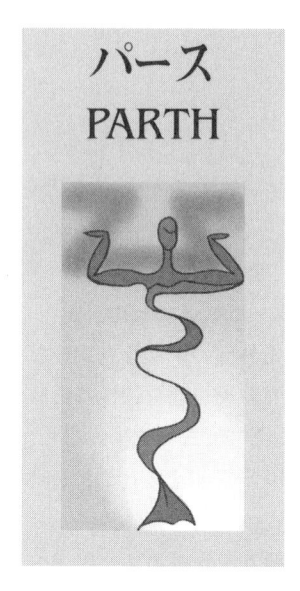

神秘への誘い、隠された神秘、変化の時、原因と結果

今ここに在って、この瞬間を、この瞬間に含まれるすべてを楽しみなさい。すると突然、美が開示されるのを見るだろう。

Osho, The Sun Rises in the Evening

　不死鳥が変容の炎の中で燃え尽きるように、あなたは既知なるものの灰の中から再生を体験しています。今は未知なるものに遭遇し、神秘の世界に入っていく時です。

　世俗的な見方をすれば、あなたは思いがけず何かを得たり、失ったりするでしょう。そしてどちらの場合にも、存在は不思議なやり方でそれを補ってくれることがわかるでしょう。大切なのは、成長に必要な新しい可能性を自分のものとし、視野を広げていくことです。

　これをどう受け止めるかは、あなた次第です。神秘の世界へのイニシエーションは、必然的に新しい人生の始まりを意味します。変容への稀な機会を、決して逃してはいけません。

ハガルのルーン

仕事上の関係であれ、成長のプロセスであれ、あなたには受容を通して成功へ至る大きな可能性が与えられます。もはやあなたは、これまで用意できていないと感じていたことを「引き受け」ざるを得ないことを理解しましょう。

『パース』は、文字Pのマザー・ルーンです。

このルーンは、神秘へのイニシエーションの時を表し、また儀式や象徴に関係しています。あらゆるイニシエーションが人生における大きな変革の扉を開くように、『パース』も不死鳥に象徴される急激な転換や、精神的な再生を暗示しています。

通過儀礼は、それが社会的なものであれ神秘的なものであれ、今まで慣れ親しんできたものを手放し、現在や未知なる未来へと向かう、新たなスペースを創造することを要求します。

不死鳥が火中で燃え尽き、その灰の中から再生するように、『パース』は新しい世界への転換のために、古くて無用な態度・価値・パターンをすべて犠牲にしなければならないと告げています。

イニシエーションは、人生における新しいステージの幕を開きます。『パース』は、仕事や個人的な生活、あるいは精神の旅における大きな変化を示しています。この場合、『パース』は神秘へのイニシエーションを示し、新しい人生を準備しなさいとあなたに告げています。あなたの生命や成長のために新しいエネルギーを呼び醒ますこの機会を、決して逃してはいけません。

パース
PARTH

◆逆位置

イニシエーション、危機、混沌、カルマの輪への執着、抵抗

人はひとつになるべきだ——抑圧も、個性も、道徳もなく。だから禅マスターは言い続けている。道徳も悪も天国も地獄もないと。

Osho, Dang Dang Doko Dang

この時期の変容のプロセスは、あなたの人格を超越するものです。このことは、苦痛にもなり得ます。抵抗したり、何か違うことが起こりつつあるという振りをして、エネルギーを浪費してはいけません。今体験しているプロセスを尊重し、それと共に流れていきましょう。今ここに在ることです。このイニシエーションのプロセスは、今関わっているあらゆる展開に責任を持つための準備です。

すべてが悪い方向に行くように思われても、見守りましょう。見守ることが離れていることを助けてくれます。笑う余裕も出てくるでしょう！ 今、途方もない自己変革が起こっています。その結果、実存の深みが増すでしょう。障害は、あなたの性格を見つめる手段です。過去の業績や、将来予測される結果に焦点を当ててはいけません。今ここに在り続けましょう。

ハガルのルーン

パース 逆位置

　『パース』の逆位置は、再生や変化への抵抗によってもたらされる危機や、混沌の時を告げています。新しい存在の境地への変化に対する拒絶は、おそらく輪廻に対する執着でしょう。

　逆位置の『パース』は、混乱の感覚はすべて変化に関連していると告げています。拒否すると、この時期の活力に満ちた力は、自分自身に跳ね返って来ます。受け入れられるなら、創造的に使うことができます。

　この時期は自然にやって来て、あなたの意志を変革し、人生を覆し、あなたを新しい調和へと導いていきます。

　『パース』のエネルギーは、それが逆位置であっても、人生におけるエネルギーと同様、プラスでもマイナスでもなくそのままです。現実のプロセスに耳を傾け、それに従えば、このルーンが象徴する力は強まり、強力な守りとなるでしょう。

　こうしてあなたは、この人生におけるイニシエーションが提示しているものに気づきます。

　再生は常に意識の新しいレベルへの転換であり、新たな可能性を開くものです。気づきが、それを楽しむ手助けをするのです。

HAGAL

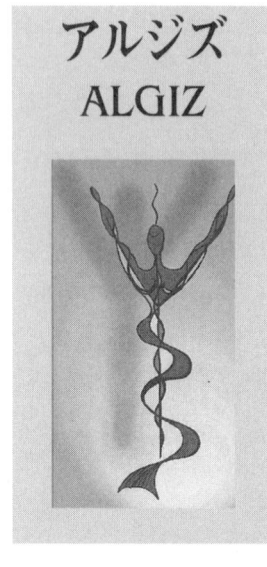

■正位置

**否定性に対する防備、
明け渡しを楽しむ、
呼吸して存在に至る**

もし全身全霊でイエスと言うなら、あなたは言われ得るすべて、言われるべきすべてを言ったことになる。もし全身でイエスと言うなら、あなたは祝福の中にいる。

Osho, The Sun Rises in the Evening

『アルジズ』は、もっとも「感じ」やすいルーンのひとつです。立ち上がり、空に向かって両腕を広げると、あなたの体は『アルジズ』となります。このポーズは存在へ明け渡す力を感じる助けとなるでしょう。宇宙との調和の中で呼吸していると、存在が自分の弱さを守る手助けをしていることに気づきます。

過渡期には、変化や方向転換などの動きが積み重なり、気分も浮き沈みします。この騒動に影響されてはいけません。自分自身を保護するあまり、エネルギーを本来の道からそらしてしまう危険性もあります。あなたのペースを保ち、急がないようにすることです。

存在のなすがままに任せましょう。痛みや喜びと同化せず、とりわけ反応しないことです。

ハガルのルーン

　すでに『アルジズ』は、あなたを守っています。生があなたのために予定してあることに、自らを明け渡す喜びを感じましょう。賢者は物事の終わりに何が起ころうと見守り、受け入れます……すると間もなく闇は去るのです。

　『アルジズ』は、文字Zのマザー・ルーンです。
　このルーンは、存在が否定的な影響からあなたを守ること、人生に対して明け渡す状態、そして人生を完全に信頼する一方で、傷つきやすいままでいることの喜びを象徴しています。一方で、暗闇に向かう恐れや、恐怖に対する過度の防御を表します。これは穏やかで落ち着いた癒しのエネルギーを運び、あなたを強力に保護するルーンです。
　『アルジズ』は、祈りや受容、受け渡しと信頼のポーズを思わせます。手のひらを空に向けて両腕を頭上に高く掲げれば、存在への信頼を感じるでしょう。また、星が独自の方法であなたの人生の旅を導き、守ってくれていると感じるでしょう。

　恐れ、混乱、妄想は、気違いじみた反応や致命的な誤りをもたらすだけです。『アルジズ』は、信頼への誘いによって、あなたのスペースや時間、あなたの所有物を保護します。実際、自らを孤立させれば危険や痛みは少なくなりますが、喜びや、抱えている問題の解決を逃すことにもなり得ます。
　『アルジズ』は、傷つきやすさと信頼の両方を体験しなさいと、あなたのハートに働きかけています。

アルジズ

HAGAL

アルジズ
ALGIZ

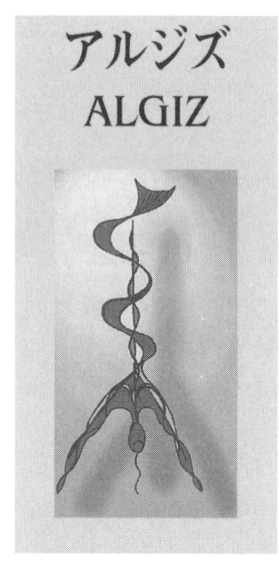

◆逆位置

ストレス、不安定、保護、防御、過度な用心深さ、迷いと行き詰まり

いつまでも過去で身を焼いていてはいけない。あなたは広々とした空間に入って来たのだから、自由と愛と親しみの道を学ぶのだ。

Osho, The Zen Manifesto

『アルジズ』は、逆位置であってもあなたを守っています。健康に注意し、不安定でストレスの多い行動をとらないようにすることで、現実に深く根ざすすべを学ぶ時です。

エネルギーを使い過ぎないようにしましょう。他人事や余計な心配事で消耗しないよう気をつけることです。どうしたら、あなたの努力に見合った結果になるかは、気づきの中からのみ学ぶことができます。

人生の風が存在の枝を揺さぶっている時は特に、自分の根を見つけることに時間をかけましょう。深呼吸をして両手を胸に置き、身体のリズムに耳を傾け、無駄な動きや努力をせずにいれば、信頼と受容が湧いてくるでしょう。

ハガルのルーン

仕事や人間関係、またはあなた自身の探求において、『アルジズ』をあなたの代わりに働かせましょう。逆位置なので時間はかかるかもしれませんが、このルーンはきっと、あなたをバランスのとれた状態へと導くでしょう。

『アルジズ』の逆位置は、バランスを逸したエネルギーから来るストレス、過剰な自己防衛と用心深さの代償、そしてよりどころを失った喪失感による不幸を象徴しています。

逆位置の『アルジズ』は、中心に定まり、バランスをとることを勧めています。でも同時に、あなたをとんでもない浅はかさや自己防衛にも陥らせます。

人生に根づいていないと感じるなら、もっと基本的な形——園芸、料理、野菜を切ったりといった現実に戻る必要があるということです。こうした活動に従事していれば、風に運び去られる落ち葉のように、人生を吹き抜ける風に連れて行かれることはないでしょう。

現実にしっかり根差せば受容的になり、正しい方向を指し示したり、あなたの道に連れ戻したりする存在の声に、静かに耳を傾けられるようになります。混乱を感じるとエネルギーは逃げ、あなたは弱くて無防備になってしまいます。

大地に戻ることによって、あなたは『アルジズ』に再び力を与えます。すると存在は、あなたを充分に、そして賢く守ってくれるでしょう。

アルジズ 逆位置　HAGAL

ソウェイル
SOWELU

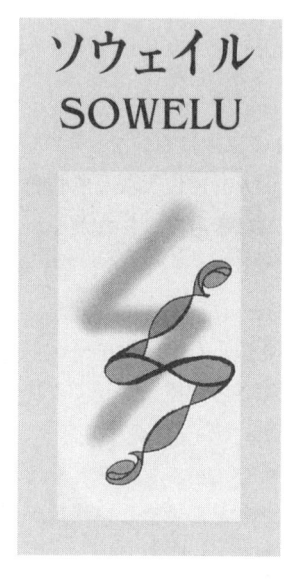

■正位置

**達成、人間の意志、
太陽のエネルギー、洞察、
バランスのとれたエネルギー**

存在を祝福しなさい。決して、自分を聖人や罪人と思ってはいけない。独善的であったり徳があるからといって、罪悪感を抱いたり喜んだりしてはいけない。そうすれば、あなたは賢者となる。

Osho, The Sun Rises in the Evening

『ソウェイル』は、地上における生命の活力の源である太陽を表します。それは人間の自然な生命力として完全なものです。

このルーンの力によって、今すべての可能性は開かれています。完全にバランスのとれた平和がここにあります。意思を明らかにし、洞察力を用いて、統合のプロセスを完成させる時です。

このプロセスの中で、何の努力もなく存在のエネルギーが流れ、溢れ出る空っぽの器のようになるでしょう。世間的な活動でも、新しいアイディアや表現に溢れたスペースを創り出し、エネルギーを表現できるでしょう。その際、期待感や活動との同化に捕らわれないよう、気を付けましょう。

ハガルのルーン

　このルーンの特徴は、全体性、想像力、幸運、そしてバランスです。これらを賢く使いましょう。これらは人間に備わった生命力の一部です。ハートはあなたを正しい道に導くでしょう。

　『ソウェイル』は、文字Ｓのマザー・ルーンです。
　このルーンは、バランスのとれたエネルギーがもたらす統一性や英知を表します。また、太陽のエネルギー、人間の意志、恩恵としての直感を象徴しています。
　『ソウェイル』は強力なシンボルで、あなたの道を太陽の光で照らし、あなたの血や体を暖め、明確な意志を備えた情熱を与えます。
　創造性、リーダーシップ、そして賢明さがこのルーンの主なエネルギーです。真理や自由を愛する心も、このルーンの特徴です。また、それ自体にバランスの質が備わっているので、逆位置がありません。

　人間の一生に当てはめると、こうした資質は高慢さや傲慢な感情によって、判断力を失わないよう気を付けなさいという警告を発しています。第二次大戦中、ナチスはＳ．Ｓ．（親衛隊）を表すのにこのシンボルを使いました。ナチスは、このルーンに与えられた力を誤用して強い反応を引き寄せましたが、それと同じ否定的なエネルギーが跳ね返り、解体に追い込まれました。
　力を伴う『ソウェイル』は、あなたの新しい存在を全面的に支え、プロジェクトに集中した力を注ぎ、あなたの道に知恵の新しい光を投げかけるものです。

ソウェイル

HAGAL

テイワズ
TEIWAZ

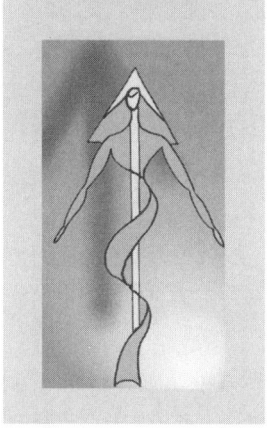

■正位置

道しるべの星、真実、正義、真理の側に立つ、バランスを整える

偽りはただ見さえすればいい。すると偽りは落ちていき、後に残るのが真実だ。

Osho, The Zen Manifesto

今はバランスを整え、世の中と出会う準備を始める時です。

『テイワズ』が象徴する道しるべの星が、真理を見つけるために力を結集させる手助けをしてくれるでしょう。そのためには、古いパターンの繰り返しを認識し、見守らなければなりません。必要なあらゆる段階を忍耐強く通り抜け、我慢強く行動すべき時を待ち、勇気を持って自らの進むべき道を行き、困難を克服することです。

そうすれば、何が自分にとって正しいのかを自由に選別できるでしょう。存在があなたの運命を気遣ってくれることを許せば、勝利は目前です。

霊的なレベルでは、『テイワズ』は空なる竹として存在の詩を歌うことを勧めています。

テュールのルーン

そうすれば繰り返しの習慣に気づき、古いものを削ぎ落とすことができます。存在があなたを通して自らの真理を歌うように、あなたも自分のプロセスを全面的に信頼し、自らの道を行きましょう。

『テイワズ』は、文字Tのマザー・ルーンです。

これは、道しるべの星としてのエネルギーを持ち、勝利へと導く武士の矢を暗示します。あなた自身の運命に従うのに必要な勇気、真実の道を認識するのに必要な気づき、そしてあなたの意識を成長させるための正しい方向性を与えます。

このルーンは、アーサー王伝説を髣髴(ほうふつ)とさせます——彼の剣、エクスカリバーに備わった力や、王として、戦士としての運命ゆえに。『テイワズ』も、正しい運命を守るための勇気や、軍隊の力を象徴しています。

しかしアーサー王伝説が示すように、力は高い代償を伴うもので、重荷にもなり得ます。

『テイワズ』を道しるべの星として見るなら、このルーンはあなたの運命、宿命を示すものであり、それを全うするための誘いです。このルーンは方向を示すものです。また、賢明な選択をするのに必要な眼識や、見極める能力、あなたの意志や運命と調和を保ちながら行動することを象徴しています。

『テイワズ』は、そのような力強い時を思い起こさせます。同時に運命の意思を認識して己の道を辿る戦士のように、あなたをオープンで、気づきのある境地へと向かわせます。

テイワズ

TYR

テイワズ
TEIWAZ

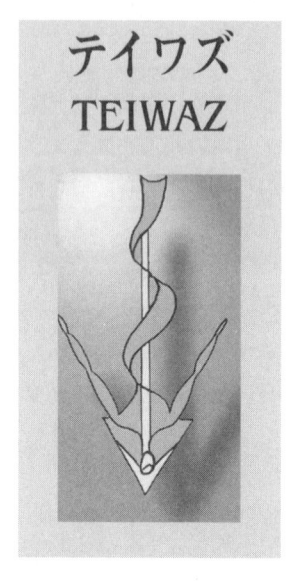

◆逆位置

闘争、不誠実、判断、根づいていないこと、自信の欠如、偽り

人は分けられるものではない。そして、何をおいても大事なのは、自分自身になるということだ。

Osho, The Zen Manifesto

逆位置の『テイワズ』は、闘争と不確かさを表し、あなたの内面を見つめることを勧めています。

自信のなさと闘っていませんか？ あなたの判断が、自分自身と他人をバランスを欠いた状態にしてはいませんか？ よくわかっていると思いますが、偽りや争いの背後に真実を隠していないでしょうか？ 自分で築いている限界を知れば、不要な重荷を取り除くことができるでしょう。

逆位置の『テイワズ』は、中心、真実、バランスを獲得し、判断から正義へと至る道を進むために、あなたの応答する能力を再び取り戻す役割をします。そして、この道しるべの星は、あなたを確実により高い頂へと導くでしょう。

テュールのルーン

逆位置の『テイワズ』は、内なる声や知恵、そしてバランスと出会うためのきっかけです。今のあなたには、偽りを言ったり自分で望まない真実を隠す傾向があるからです。

逆位置の『テイワズ』は、もし自尊心の欠如があれば、それは行き過ぎた自己判断や、自分の能力の過剰評価と関係しているのではないかと考えるきっかけになります。

実際、自分の運命を知ることは必ずしも輝かしいものではありません。時には日常生活の中で、自分の才能や創造力を発揮し、運命の尊さを認識する勇気を持つ必要があります。

『テイワズ』の逆位置は、不誠実、偽り、ごまかしを指摘します。同時に内的葛藤や、対立する欲求への解決も提示します。

あなたの意志を明確にしゴールを定めれば、このルーンを正位置に戻し、人生に肯定的な影響を与えることができるでしょう。こうして簡単に障害を取り除き、目標に到達できのです。

テイワズ 逆位置　TYR

ベルカナ
BERKANA

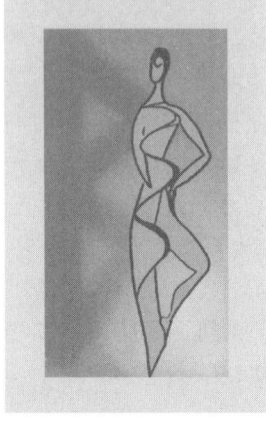

■正位置

新しい人生、開花、新たな安定を喜び迎える、幸福

私は、あなたの心に一粒の種のように落ちていく。祈りを持ってそれを見守り、感謝と共に待ちなさい。やがてふさわしい時に、その種は芽生えるだろう。

Osho, A Sudden Clash of Thunder

春に花が咲くようにすべては成長し、花開きます。この時を最大限に利用するチャンスが与えられています。自然の流れと共に流れ、抵抗を捨て、意志を明らかにして、新しいことを迎え入れましょう。

『ベルカナ』のエネルギーは、生活のあらゆる場で使うことができます。今、興味を持つものはすべて、このルーンの豊穣さに支えられています。

『ベルカナ』はあなたのプロジェクトを成果と幸福感で満たし、あなたの環境を向上させ、安定した選択を可能にしてくれるでしょう。人生を創造性と幸福感で満たしましょう。新たな自己と、新たな人生を育みましょう。

『ベルカナ』は、文字Bのマザー・ルーンです。

　このルーンは新しい人生と花開く時を表し、新しいバランスによる安定や幸福をもたらします。

　『ベルカナ』のエネルギーは、春や桜の花、寒い冬を経て再び目覚める自然を思い起こさせます。鳥たちは南国への旅から戻り、ヒナは巣から顔を覗かせます。

　望まれた誕生が人生への讃歌であるように、このルーンは待ち望み、信頼を寄せる自然の創造性への讃歌です。『ベルカナ』は、均整のとれた融和と、安定した幸福の萌芽を思わせます。

　このルーンは、あらゆる喜びの瞬間や、成熟への長い過程を表します。母なる大地の暗い懐で力を蓄えた種子が初めて花開くように、『ベルカナ』も深い探求と配慮から生まれます。このルーンは、仕事や人間関係やプロジェクトに、成熟した安定性と調和のある開花をもたらすでしょう。

ベルカナ
BERKANA

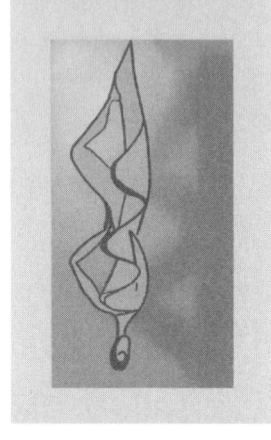

◆逆位置

成長の妨げ、苛立ち、危うい恋愛

エゴと共にあれば、あなたは弱いままだ。自我を落とせば、無限の力があなたを巡り始める。

Osho, A Sudden Clash of Thunder

　失敗の原因を見つめる時です。もしあなたの成長が止まっているなら、それは苛立ちが邪魔をして、プロセスを早める代わりに遅らせているからです。これがあなた自身の成長の邪魔をし、仕事や人間関係の発展に害を及ぼしている理由です。

　このことに気づけば、何があなたにとって本当の真実かを見出せるでしょう。ペースの落とし方を学べば、望みの実現により近づくことができます。

　今のところ逆位置であっても、『ベルカナ』は依然としてあなたの生活に前向きな影響を与えています。新しい計画、新しい考え、新しいライフスタイルに対してオープンでいましょう。いったん、失敗の原因が自分にあることに気づけば、もう二度と失敗はしません。

そしてあなたは、プロジェクトに注ぐ溢れんばかりのエネルギーを手にするでしょう。

逆位置の『ベルカナ』は、自然な成長に対する妨害や障害、そして恋愛や関係性を危ういものにする苛立ちを表します。
逆位置の『ベルカナ』は、失敗や後退の背後、つまり苛立ちや未熟な態度を見つめることを勧めています。自然が成熟し、花開くのにそれなりの時が必要なように、私たちの仕事や人間関係にも心配りと注意が必要です。

このポーズが示すように、時には小さな物事が成長を妨げたり、助けたりします。右か左かを選択する時には、このルーンの有利な影響にあやかることができます。気づきの欠如は、覚醒への道をそらしたり、阻害したりすることもあります。このルーンは、あなたの働きかけを破壊するのではなく、現実的なプロセスの中で真の必要性を見つめ続けなさいと警告しています。
逆位置の『ベルカナ』は、肯定的な影響を保っています。そして、幸福な結果を手に入れるために責任ある行動をとるよう示唆しています。

ベルカナ 逆位置

TYR

エワズ
EHWAZ

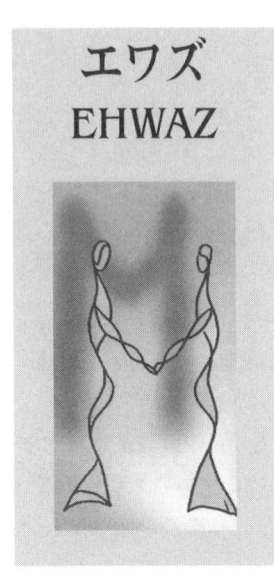

■正位置

信頼、忠誠心、動き、統一されたエネルギー、適応、新しい可能性

ひとたび空になったら、少し待ちなさい。いかなる判断も下さないように。すると、突然新しいエネルギーのほとばしりが、内側から、外側からあなたの中へ流れ込むのを感じるだろう。

Osho, God is Dead: Now Zen is the Only Living Truth

一日の始まりに太陽神アポロを乗せて馬車を引き、馬が天を駆ける古代のシンボルのように、あなたは動きのただ中にあります。ゆっくりと、しかし確実に新しい風は吹き始め、あなたはその調和の中で動いています。新しい活動の場、友人、アイディアが現れます。さらなる努力によってではなく、適応力を強め、伸ばしていくことで、仕事を達成する能力が与えられます。

このルーンは、『ラグズ』が向き合うシンボルで出来ています。それは、ふたつの川がひとつに合流し、その流れを支え合い、促進する力を表します。変化や転換、新しい機会を通して成長する兆しが感じられるでしょう。友人からの援助も、あなたが新しい現実に適応する助けとなるでしょう。

テュールのルーン

エワズ

　他人は、時に自己の鏡になり得ます。この創造的な変化の時期に、自分自身を知るために他人を観察してみましょう。

　『エワズ』は、文字Eのマザー・ルーンです。
　このルーンは、新しい一日の始まりを照らし、太陽神の馬車を引いて疾駆する馬のイメージを彷彿とさせます。この意味で、『エワズ』は人類に光と生命をもたらし、人間の精神に信頼や誠実さといった光の恩恵をもたらします。
　このルーンは、動きや新しい可能性、新しい関係性や友情などの社会的側面を支え、統合や確かな成果に力添えをします。

　『エワズ』の絵柄はふたつの『ラグズ』が互いに向き合い、二者の合体によって与えられる力を示しています。これはふたつの川が合流し、お互いの流れを強めることの象徴です。
　社会的には、新しい友情、関係性、共同事業体、相互の支援と活力の暗示でもあります。信頼と誠実さに基づく新しい関係性は、人生においてあなたの経験や視野を広げるでしょう。この機会を受け入れ統合することで、新しい関係性へハートを開き、新しいライフスタイルへ人生を開放しましょう。

TYR

エワズ
EHWAZ

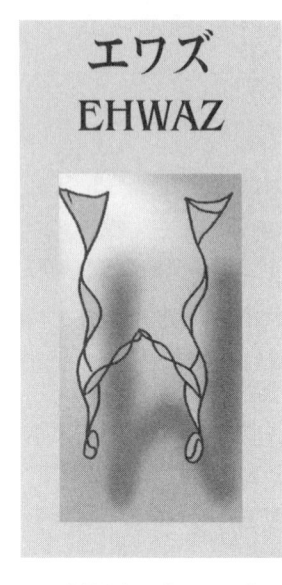

◆逆位置

**変化を受容できない、
新しいものへの抵抗、
流れの阻害、撤退、ダム**

エゴを落とすとき、あなたは自分の周りに築いているすべての世界を落とす。そうしてはじめて、物事をそうあって欲しいと思うようにではなく、あるがままに見ることができる。

Osho, A Sudden Clash of Thunder

　逆位置の『エワズ』は、進む前に休止することを勧めています。あなたは、自分にこう尋ねるでしょう。「私がしていることは、本当に妥当だろうか？」。単にそれが好きではないという理由だけで、あなたは現実を受け入れることを拒んでいるのです！　その幼稚な態度が、不確かさを生み出します。

　いかなる結論も、それを下す前にゆっくり時間をかけることです。「川の流れを押す」必要はありません。力ずくや性急さを避ければ、誤りを冒す危険から免れるでしょう。

　一日の終わりには、休息の時があることを覚えておきましょう。太陽が地平線に沈むと、私たちはリラックスし、体を回復させる必要があるのだと思い至ります。くつろいでいると、状況がもっと鮮明に見えてくるでしょう。

テュールのルーン

　現実を受容すれば、新しい理解と深い自己認識がもたらされます。新しい輝く日が近づくにつれて、あなたは活力が増してゆくのを感じるでしょう。

　逆位置の『エワズ』は、人生において新しい経験や変化を受け入れられない現実、それらを自分の人生に取り込むことに対するためらいを見つめ、新しさを歓迎することを勧めています。時には判断や偏見があなたの道を誤らせ、開かれた現実の見通しを妨げることもあり得ます。苛立ちやストレスの多い状況も、誤った選択を招くことになります。

　逆位置の『エワズ』の絵柄は、出口のないダムをイメージさせます。抵抗があなたのエネルギーを押しとどめるように、逆位置の『エワズ』は海へと向かう水の活力を抑制するかのようです。

　理解があり、信頼に値する友情こそが、リラックスして他人から忠告や援助を得る助けとなります。

　こうして抵抗はひとりでに落ち、『エワズ』のエネルギーは向きを変えます。そして新しい関係性や機会を提供してあなたの視野を広げ、あなたの能力を支えたり、強めたりしてくれます。

　逆位置の『エワズ』が特に示唆しているのは、目を見開き、恐れを手放しなさいということです。目を閉ざしていては現実を見ることは難しく、夢想しやすいのです！

エワズ　逆位置　TYR

マンナズ
MANNAZ

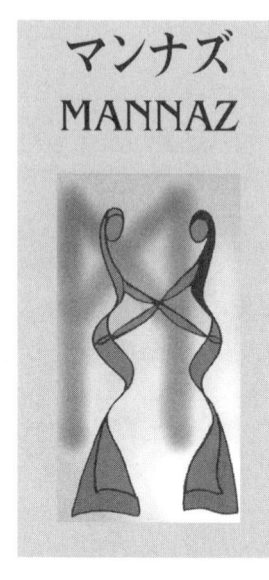

■正位置

忍耐、安定した人間性、人間としての協力、行動すること

これはとてもデリケートなプロセスだ。愛によってあなた自身と他者を受け入れ、愛の受容を通して変容が起こる。あなたがどんな存在であろうとも、あなたは完全で、全体があなたを受け入れている。

Osho, The Alpha and the Omega, Vol. 3

　川が自然に大海へと注ぐように、あなたの生における真の方向性は、はっきり定められています。今は、判断するのではなく受容的になることによって、活動ではなく献身によって、エネルギーの安定に焦点を当てましょう。

　新しい活動や共同事業の種子が成長するには、じっくり時間をかけてバランスと調和を手にする必要があります。だから、立ち止まってバランスのとれた状態を見出す時間をとることです。

　このルーンは、2つの『ウンジョー』が互いに向き合う形をしています。これは成功を表していますが、不調和による行き詰まりに向き合うことも暗示しています。また、他人と自分自身と自然との調和に目を向け、バランスを保つようにとの暗示でもあります。

テュールのルーン

　忍耐とバランスが、この時期のキーワードです。これらを心に留めれば、実りある結果を手にできるでしょう。

　『マンナズ』は、文字Mのマザールーンです。
　このルーンは、調和のとれた人間がつくるユートピアを表します。そこでは、協力や相互支援が原動力となります。共同作業が創造的な活動の基盤となり、個人の能力は共通の目的のために使われます。
　このルーンでは、生産や創造に向けて共に成長する可能性として、互いに補い合う質が高められています。それは競争ではなく、協力の名のもとに行なわれます。

　『マンナズ』の絵柄は、2つの『ウンジョー』が反射し合って出来ており、鏡のような特性から来る力があります。
　このルーンは、安定化へのプロセスと、それによってもたらされる力を支えるために、あらゆる社会機構で必要な人間の集まりを暗示しています。協力とはより高いレベルの気づきと選択であり、仕事で関わり合いを持つための成熟した態度です。
　こうした原則によって、『マンナズ』は人生において協力へと向かう努力を支える強力なシンボルとなります。また、仕事上で協力を必要とする場面でも、手助けをしてくれます。

マンナズ

TYR

マンナズ
MANNAZ

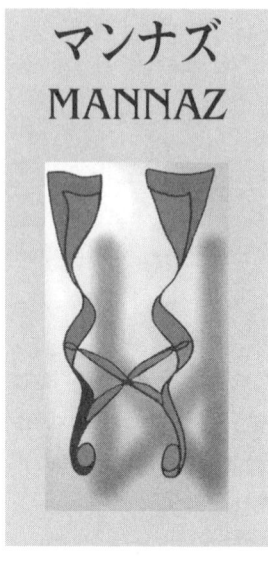

◆逆位置

**疎外、アンバランス、
関係への干渉、
柔軟性の欠如、苛立ち**

誰もが進歩しているが、行過ぎた進歩に耐えられる人はいない。つまるところ、あなたは決して理想的な人間になれず、せいぜい自分自身を咎めるだけだ。

Osho, The Alpha and the Omega, Vol. 3

　今ある障害は、あなたの感応する能力を見つめなさいとの暗示です。鏡のような特性をもつ『マンナズ』は、あなたの内側に投影された外側の否定性を見つめることを促します。今こそ錬金術的な変化や転換が、真正な認識と、あるがままの事実の受容によってのみ起こり得ることを発見する時です。

　もし疎外感を感じるのなら、おそらくそれは、あなた自身の柔軟性の欠如が原因でしょう。あなたの忍耐は、不安に形を変えて他者の人生を阻害してはいませんか？
　あなた自身のアンバランスな行動を見つめ、こうした傾向を他人と協調できる安定した状態に変える方法を学ぶことです。新たな柔軟性は、『マンナズ』を再び正位置に戻し、あなたの人生を肯定的な方向に導いてくれるでしょう。

テュールのルーン

マンナズ　逆位置

『マンナズ』の逆位置は、現実からの疎外、寂しさ、競争、柔軟性の欠如、苛立ちを表します。こうした感情は、他者との反目、そして無理解と分離へとあなたを導きます。このルーンは、他人やパートナー、仕事、その他の活動における関係性に、もっと責任を持つようにとの忠告です。

　鏡のような特質を持つ『マンナズ』は、他人に対してあなたが拒否していることは、無意識の内に携えている、自分自身の受け入れられていない資質だということを示唆しています。それを受け入れたら、あなたの実存を統合することができます。
　競争や判断は、あなたの内側の無理解と不安に関係していることもあり得ます。それをはっきり認めれば、自分自身や他人に対する理解を深め、見下していた資質を正当に評価し、潜在的なエネルギーを開放できるでしょう。
　このプロセスは、周りの人々と協調し、実りある共同作業の可能性を押し進める手助けをします。

TYR

ラグズ
LAGUZ

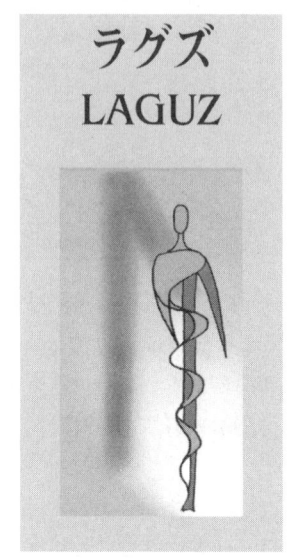

■正位置

水の力、流れ、情緒の進化、女性的な直感

エゴを落とせば、あなたは川になる。あなたは流れ出し、溶け始め、奔流となる。そして真に生き始める。

Osho , A Sudden Clash of Thunder

川が自然に海へと注ぐようにあなたの直感は花開き、月の作用による女性的な水の力が目覚めつつあります。陰と陽——あなたの存在の男性的・女性的資質が出会いを求めているのです。

今は直感、感情、ハートに従う時です。関係性の中で、あらゆる防御や恐怖を手放して愛に明け渡し、パートナーと溶け合い、この合一の時を楽しみましょう。

自己探求の上では自分の内なる知恵を認め、直感を信頼する時です。これはあなたの創造性を支え、仕事や今始めているプロジェクトを実りあるものにし、新しい趣を与えます。あなた自身やパートナーや友人にとって、非常に喜ばしいものとなるでしょう。

テュールのルーン

『ラグズ』は、文字Lのマザー・ルーンです。

このルーンは水の力や流体の調和、情緒の進化、月の作用による女性的な直感、受容性と適応性に関係しています。また月の力、潮の干満、水の変容性を表します。

この流動的で順応性に富む資質は、気分や感情、予測を伴わない直感、愛の静けさに関連しています。月が潮の干満に作用するように、『ラグズ』は女性的で神秘的な開花のシンボルなのです。それは海の深さと、未知の可能性を伴っています。

水は地球の生命にとって不可欠な要素であり、人間の身体に占める比重も大です。母親の子宮にも水が満ちています。多くの文化が水にまつわる神話を持つのは、こうした理由によるものです。

急激な変化の折りに、『ラグズ』は無意識の深みの中で、あなたの航海を保護するルーンとなります。それは、水先案内人の感受性を守り、支える役割を果たします。また、直観が切り開く感情の力を表しています。

ラグズ
LAGUZ

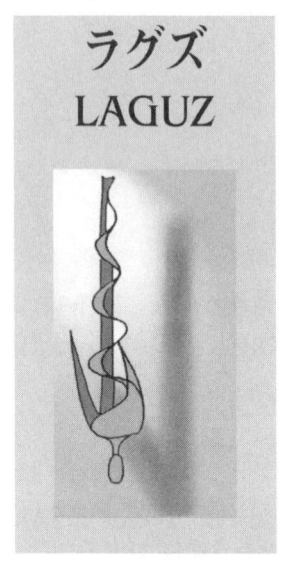

◆逆位置

愛憎、女性的な直感の障害、情緒不安

すべての生命は、まったきものだ。自分一人で生きようとする者は愚かだ。それは、木の葉が自分だけで生きようとしているようなものだ。

Osho, A Sudden Clash of Thunder

川の流れに逆らって進むと失敗します。流れに抗い、果てしない努力を続けても、多くのストレスを抱え込むだけです。

自らの感情や直感に逆らって進むと、極めて不健康な停滞をつくり出してしまいます。今は本能と欲望、感情と意志の違いを明らかにして、自分を中心にすえるべき時です。

情緒が不安定な時期は、混乱から抜け出て行動するか、またはリラックスして待つかのどちらかです。感情的な水の混乱が治まれば、自分自身の感情をより深く理解でき、どちらに進むべきかが直感的にわかるでしょう。

『ラグズ』の逆位置は、荒れ狂う海や氾濫する川を思わせます。それは、停滞や抑圧された感情と関わっています。

テュールのルーン

こうした感情は、直感や無意識の二元性や曖昧さに対する強い抵抗を伴います。それはまた、心の中の感情と欲望、本能と意志との葛藤でもあるのです。

逆位置の『ラグズ』は、流れに逆らったり、ありのままの現実を否定するときの努力を思わせます——それは感情と理性の分離であり、自然な感情や賢明な直感に対する争いです。

逆位置の『ラグズ』は、不健全な分離や不快な停滞を示します。また、社会的活動と共に、沈黙、休息、リラックスもまた必要だと告げています。

見方を変えれば、今直面している困難や限界は、違う方向に進むようにとの忠告とも受け止められます。

一方で『ラグズ』は、判断を控えて自己の内に深く沈み、注意深く待ちなさいとも忠告しています。そして水の微妙なエネルギーを浸透させ、より深い知恵を引き出すのです。こうしてあなたの実存はあらゆる面で調和し、統合されるでしょう。

ラグズ　逆位置

TYR

イングズ
INGUZ

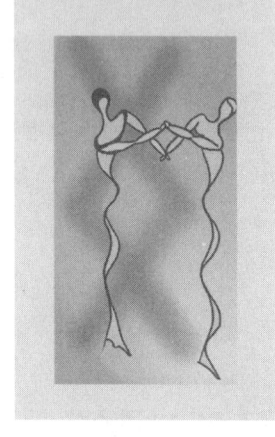

◆逆位置

上下対称、豊穣、創造性、潜在能力、活力、コミュニケーション、蓄え、連帯感

闘う必要などまったくない。家に帰り着く唯一の方法は明け渡すことだ。
Osho, A Sudden Clash of Thunder

月が海に映るように、このルーンの上部は下部に投影されています。同じように、あなたも自分自身を他者の中に映し出すことで、自分が創造的になる可能性を持っていることを発見するでしょう。

この豊穣の時は、他者と交わり関わることによって、喜びに満ちた開放感がもたらされます。

このルーンは、2つの『ゲーボ』で構成され、友情、愛、合一性が2倍になります。『イングズ』は『ゲーボ』のシンボルを強め、創造性、活力、豊穣さを高めます。

今のあなたにとって大切なのは、他人の事業に参画したり、他者への貢献にもっとオープンになることかもしれません。

テュールのルーン

ロマンスでは、今こそあなたの持てる創造性を開花させ、新しいプロジェクト、活動、出産などに当てる良い時かもしれません。

『イングズ』は文字ＮＧのマザー・ルーンです。

このルーンは、鏡のような特性を持ち、平等、豊穣、大地、幸福な家族の賑わい、冬に備えた蓄え、友人との語らいを象徴しています。

『イングズ』の絵柄は、２つの『ゲーボ』が重なっており、パートナーや家族間の友情、愛、支援が倍加する特性を持っています。

このルーンの保護のもとで、あらゆる創造性の素地が与えられ、文化的、心理学的、生物学的な豊かさの可能性が増幅されます。それらは、新しい活動やプロジェクト、新たな創造や出産といったかたちで表現されるでしょう。

どの家庭でも、暖炉は暖かさや心の糧、配慮を連想させるものです。錬金術的な変容によって、生野菜は滋味豊かでおいしいスープに変わります。同じように、出産においては異なる遺伝子が混ざり合い、新しい人間が誕生します。

『イングズ』は、信頼や愛や協力によって支える出産時の配慮といった、錬金術的なプロセスを思い起こさせてくれます。

イングズ

TYR

オシラ
OTHILA

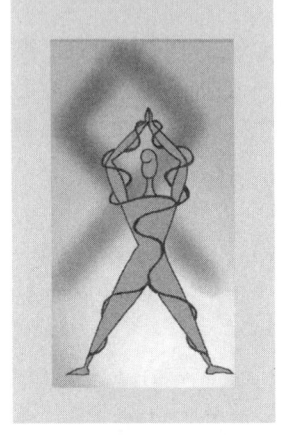

■正位置

祖国、義務、相続、財産、先祖の伝統

どの人も、固有な運命を背負ってこの世に誕生した。あなたは偶然この世に生きているわけではなく、その生は意味あるものだ。あなたの存在の背後には意図がある。

Osho, A Sudden Clash of Thunder

このルーンは、私たちすべてが背負っている重みを再認識させるものです。それは、家族から受け継いだ遺産、伝統、条件付けを含みます。時に、私たちは余りに多くの務めを負っているため「新しさ」を歓迎する余裕がありません。

今は文化的・社会的に慣れ親しんだ条件付けと、新しい可能性のどちらかを選ぶ時です。同じことが、精神面でも仕事の場でも起こり得ます。

あなたは、選択しなければなりません。あなたは古いものにしがみついていたいのでしょうか？ それとも新しいことのためにスペースをつくりたいのでしょうか？ 古いパターン、習慣、価値は粉々に壊れるか、無用になるでしょう。それらを清算するのは今です。

テュールのルーン

　このプロセスは、たとえ自然なことでも苦痛かもしれません。あなたは過去を切り開いてきただけに、これから置き去りにするものをはっきり認識するでしょう。古いものを削ぎ落とし、新しいものを迎えることに挑戦しましょう。

　『オシラ』は、文字Oのマザー・ルーンです。
　このルーンは、故郷、家族の義務、伝統と遺産、相続、先祖伝来の文化とそれに関連する条件付けを表します。『オシラ』の絵柄は、『ゲーボ』のシンボルに描かれる陰陽の出会いの上に、しっかり築かれた家の屋根を思わせます。

　伝統を重んずる人たちにとって、このルーンは種を保ち、家族の儀式を代々伝えていく安定性を表しています。各国の王侯貴族は、『オシラ』のエネルギーのいい見本です。彼らの人生は、個人や人間性を因習の犠牲にする、昔から続く隷属性のモデルなのです。

　このルーンは、根無し草や自由な魂には義務のために犠牲を払うこと、また伝統に定められたルールに適応することを求めています。このルーンのもとで自由を探し求めるうちに、文化的、経済的、社会的遺産を捨て去ることになるでしょう。すると、人生において新しい習慣が古い習慣に取って替わり、今までの職業は放棄され、新たな可能性が花開きます。
　『オシラ』は、伝統の安定性を取るか、開放的な空の自由を取るかの選択を携えるものです。

オシラ　　TYR

オシラ
OTHILA

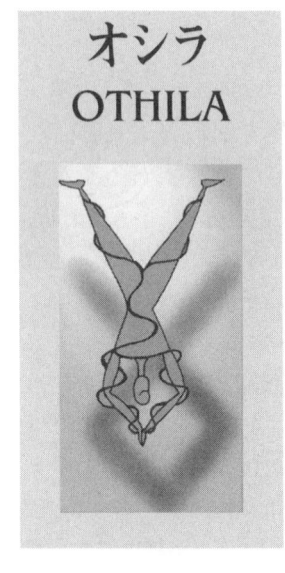

◆逆位置

世代交代、困難な相続、撤退

真理が生きて開花できるのは、自由の中だけだ。愛が開花し芳香を放てるのは、自由の中だけだ。

Osho, The Zen Manifesto

　今は世代交代、変化、撤退の時です。あなたは今、何が起こっているかがわからず、不快な思いをしているかもしれません。こうしたときは、落ち着かない感覚につき動かされて、無意識のうちに行動してしまうこともあり得ます。

　逆位置の『オシラ』は、決断を急がず、自分を現在に適応させて待つことを勧めています。将来、急激な変化が起こるかもしれません。今は撤退して休息し、観察しましょう。争いや討論を避けることです。
　すると、間もなく『オシラ』は向きを変え、あなたは賢い選択ができるようになるでしょう。今は、日々の行為を大切にしましょう。こうして現実に則して必要なものを認識し、選択する能力が高められるのです。

テュールのルーン

逆位置の『オシラ』は、世代間のずれ、富の放棄、困難な相続、感情的・経済的な投資からの撤退を象徴します。

ある意味でこのルーンの逆位置は、自由への希求を否定された結果や、魂が規則や伝統に適応する際の困難を示しています。

逆位置の『オシラ』は、移植された植物が、不健康な環境の中で窒息する危険性を暗示します。人生における自覚されない欲求は、ストレスや抑鬱が引き金となって、無意識な反応や不快感を誘発するのです。

このルーンは、決定を下す前に自己の中心を見つけ、あなたの歩みに気づきと成熟を伴わせなさいと告げています。衝動的な行為を絶てば、自身が必要としているものにのみ焦点が当てられ、あなたの真の可能性を充分に伸ばすスペースが見つかるでしょう。

逆位置の『オシラ』は、他者と関わらず、内面を見つめて自己の真理を探究することを勧めています。

サガズ
DAGAZ

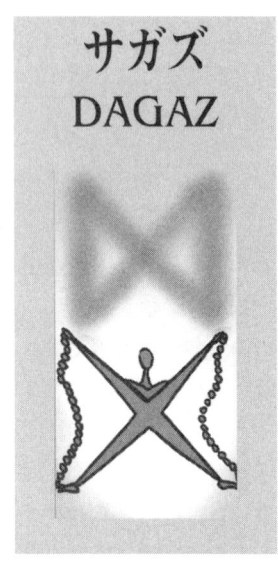

■正位置

**繁栄の日、前向きな行動、
変容、成功と権力、
闇から光へ**

*存在は、存在への準備ができている
者に開かれている。*

Osho, Ancient Music in the Pines

　今は変容の時です。蝶がさなぎから脱皮するように、あなたは古いパターンを脱ぎ捨てようとしています。これは全面的な変化です。あなたの潜在能力は現実のものになりつつあります。ビジネス上の交渉は良い結果をもたらし、あらゆる変化は自然にあなたの生活に融け込むでしょう。

　暗い夜は去り、今あなたは光の中にいます。そして自分に備わった力を高める七色の虹の質を楽しむことができます。
　人生におけるこの瞬間の素晴らしさをどう意義づけるかは、あなた次第です。用意ができていれば、この新しき日に両眼を開け、順風満帆な現在を照らす明るい太陽が感じられるでしょう。

テュールのルーン

　どんな場面でどんな変化や危険が起ころうと、存在と幸運が支えてくれます。そしてあなたを力強い変容や、大いなる成功へと導くでしょう。

　『サガズ』は、文字Dのマザー・ルーンです。
　このルーンは、前向きな行動の結果としての順風満帆な日、変容、成功、そして力を示しています――それは闇から光への旅です。
　『サガズ』の絵柄は、さなぎから出たばかりで、その羽根を太陽で乾かし、飛翔の美しさと力強さを発見しつつある蝶を暗示しています。蝶にとってはこれが新しい生の始まりです。人間にとっては次元の転換、すなわち変容に伴う再生となります。

　このルーンは、養分を与えられ守られていたさなぎという暗闇から、蝶が新しい存在の光の中へ旅することを暗示しています。同じことが、あなたの成長の場面にも起こり得ます。人生の舞台の幕がひとつ降り、あなたの無垢で賢い目は、新しい次元が輝く繁栄の日をもたらすのを見るでしょう。
　『サガズ』のエネルギーは、人生の変化や冒険を支え、幸運と輝くばかりの成功を惜しみなく与えてくれるのです。

サガズ　TYR

禅マスター
THE ZEN MASTER

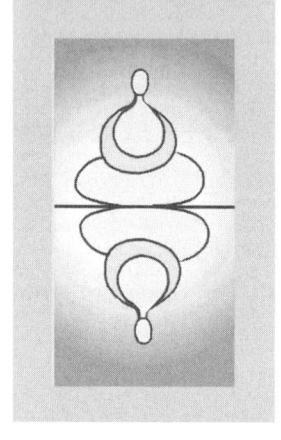

■正位置

鏡、投影、潜在能力、成就

師の役割は、中に何があるかを告げることではなく、あなたを内側へ導くこと、内側に押し込むことだ。語られる言葉のすべては、言葉にならないもののためにある。

Osho, The Zen Manifesto

『禅マスター』は、人生でつなぎ止める価値のある物事を見極める手助けをします。またその空虚さゆえに、あらゆる欲望、同一化、期待、投影を映し出すルーンでもあります。

澄んだ池が雲ひとつない空や暗い夜を映すように、このルーンもあなたの気分をそのまま映し出します。答えを探しているのであれば、この瞬間こそあなたの資質、存在、感情をありのまま映すのだと覚えておきましょう。

人生に影響を及ぼす力は、あなたの手の内にあります。人生の途上で師(マスター)に出会うたびに、その瞬間は思い切った選択と、気づきへの途方もない可能性を秘めているのです。

師は、あなたの自由と潜在能力を丸ごと映し出します。

マスターのルーン

　それを用いる準備ができていれば、あなたの実存から創造的な自発性が湧き起こるのを感じるでしょう。今は、あなたの人生における強烈な時です。これを逃してはなりません。

　『禅マスター』は、沈黙と空(くう)のマザー・ルーンです。
　このルーンは、禅の師(マスター)を表します。この空の中で、師はあなたの存在を鏡に映します。そして、あなたが他者に投影するもののすべて、エネルギーの無駄、見当外れに気づかせてくれます。
　この鏡のような性質は、人間として、また覚者(ブッダ)としてのあなたの潜在性を映しています。あなたが安らぎと充足をすでに携えているからこそ、この静かでうっとりするような空の中で師と出会えるのです。

　OSHOは言っています。「マスターは、泳ぎ方を習得するプールのようなものだ。泳ぎが上達すれば、大海はすべてあなたのものとなる」

　存在の海で泳ぐことを教えるために、師はあなたの投影、欲望、同一化、期待をあなたに気づかせ、そのパターンを映し出します。このプロセスの中で、急激な変化や突然の理解が容易に起こり得ます。すべての潜在性は、この完全な自由のスペースの中で活性化されるのです。師に出会うとき、選択するのは常にあなたです。

禅マスター

MASTER

笑い
LAUGHTER

■正位置

喜び、無執着、同一化の超越、笑いの中へ消え去る

眠気が去ったと感じた瞬間、まず笑い、それから目を開きなさい。それが一日の気分を決める。笑いは笑いを呼ぶ。

Osho, A Sudden Clash of Thunder

　このルーンは、古くから伝わる禅マスターの教えのひとつ、良き笑いを表しています。

　この笑いのルーンは、人の世の愚かさをリアルな喜劇として見つめることを勧めています。寝ても覚めても、日々ドラマは起こっています。

　私たちは時に、自らの行為、感情、目標などと一体化してしまいます。これに気づけば、人生を舞台上のゲームや劇として捉えることができます。どんな問題や目標や事柄でも、深刻に捉えたり、遊び心で捉えられるものです。それはあなた次第なのです。

　今、あなたは深刻になっています。今はおそらく腹の底から笑う時なのです。

マスターのルーン

　自分の行動から一歩退いて数分笑えば、毎日新鮮な軽やかさや喜びが湧き起こり、ますます執着は消え、あなたは強くなるでしょう。

　『笑い』は、自己現実のマザー・ルーンです。
　このルーンは、無執着であることの喜び、同一化を越えた軽やかさ、笑うブッダが笑いの中に消えて行くのと同じエネルギーを表します。
　この新しい禅ルーンは、人生の喜劇を演じる一方で、その役割や欲求と同化することの愚かさを観察することを勧めています。

　感情、目標、問題を見守ることができるなら、あなたは自由に、無執着になれます。今は獄中でもがき、扉にしがみついているような状態です。扉を引くのではなく押した途端、ゲームの全容がわかります——扉は常に開いていて、あなたも自由だったのですから！
　これが目覚めの瞬間です。すべての過去は瞬時に解放され、この瞬間が真の笑いで祝福されます。この究極の覚醒の瞬間が訪れるまで、笑いの美しさと、それが生み出す穏やかな沈黙を味わい、あなたの存在を慈しみ育てましょう。

笑い

MASTER

笑い
LAUGHTER

◆逆位置

悲しみ、涙、痛み、落胆

もし笑いが歪められれば、涙も歪曲される。良く笑う人のみが良く泣くことができる——良く泣き良く笑えば、あなたは生きている。

OshoA Sudden Clash of Thunder

笑いの対極は悲しみ、涙、嘆きです。口角を下げれば、痛みと落胆の表情が想像できるでしょう。

この感情のただ中にいるときは、一生涯や全世界の痛みや嘆きに触れ、その中に沈んでいきましょう。今経験している悲しみは、全人類の嘆きの海に溶け、それによって少しは慰めが得られるはずです。

一方で、あなたの個人的なドラマの舞台から一歩退き、客観的に眺めることもできるでしょう。この感情もまた過ぎ去ります。やがて次の喜劇が起こるでしょう。

今日でも明日でも、あなたは選択できます。泣きたいですか、それとも笑いたいですか？　人生のテレビのチャンネルを変え、感情の支配者になるか、奴隷になるかはあなた次第です。

マスターのルーン

笑い 逆位置

　逆位置の『笑い』は、私たちが背負うすべての重荷、声なき涙、痛み、解放されない悲しみや落胆を象徴しています。このルーンの絵柄は、笑ったり微笑んだり、幸せな表情をとりなさいと告げています。笑いのルーンは、逆向きになると愚痴や悲しみを表現します。これは感情の翼の両極性を表すものです。

　あなたは自分をドラマと同一化するか、映画のスクリーンを見るように一歩離れるか、二者択一の必要性を感じるでしょう。もし苦痛の中に深く潜ることを選ぶなら、意識的にやることです。無意識の暗い深淵の中で迷子になってはいけません。

　もし気づきがあれば、引き返し点に辿り着くでしょう。すると、空っぽで爽やかになって、ルーンの向きは変わります。あなたは意気揚々として、より喜びに満ちた気分に戻るでしょう。

MASTER

禅公案
THE ZEN KOAN

■正位置

**袋小路、解決策なし、
あー解った！**

至福は二人の人間や、二元性を必要
としない。一者で充分だ。至福は、
独りあることの深みの中で起こる。
だから「隻手の音声」と呼ばれるの
だ。

Osho, The Sound of One Hand Clapping

『禅公案』は、非生産的で堂々巡りの思考から連れ出す師(マスター)の工夫です。師はこう尋ねます。「隻手の音声とは何か？」

あなたは普段の理性的なマインドのプロセスを抜け出すことを迫られます。むしろ、ブレイン・ストーミングの方がましかもしれません！

あなたは今、困難な状況に直面し、出口なしの袋小路にいるように感じています。これは禅マスターと出会い、禅の公案を解こうとしていることに似ています。この現実を拒み無力なまま挫折するか、マインドは何ら役に立たないと認めるか、ふたつにひとつです。そこから抜け出しましょう！　創造性をあなたの人生の原動力にすることです。あなたはこのプロセスの中で答えを見つけるでしょう──「あー解った！」と。

マスターのルーン

『禅公案』は、無のマザー・ルーンです。

これは、自由な連想と袋小路、右脳と創造的なひらめき、さらに究極の悟りとニルヴァーナに関係しています。

このルーンは、禅の使者として誕生しました。『禅公案』は答えられないものです。公案は解決できないもので、ただ溶解されるのみです。

OSHOは言いました。「あなたたちは、存在の次元を夢から覚醒の境地へと移行させる必要がある」

禅は、対立する問題への解答ではなく、二元性を溶かす空気のようなものの見方です。「隻手の音声とは何か？」という質問を解くとき、マインドは窮地に追い詰められます。そのときマインドは、いつもの二元性を越えることを強いられるからです。

禅とは、人生をどう見るかということです。そして公案は、あなたに一体感——すべてでありひとつであること、ひとつでありすべてであることを体験させるものなのです。

禅公案

MASTER

禅公案
THE ZEN KOAN

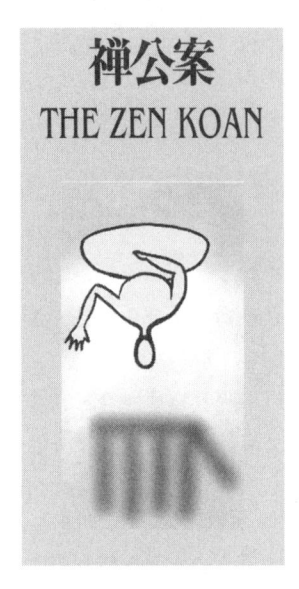

◆逆位置

**暗い袋小路、盲目、
あーどうしよう？**

真理は、あなたの内なる実存の世界に春のようにやって来る。すると突然、幾千もの花が咲き乱れる。
Osho, The Sound of One Hand Clapping

　今あなたは、暗室でサングラスをかけている状態です。これは直面している現実に対して、あなたをまったくの盲目にしています。あなたはきっと暗い袋小路で、追い詰められて不安に感じているのでしょう。でもサングラスを外してみれば、その不安はおかしいと感じるでしょう！　あなたはおそらく、肉体的にも不快を感じていますが、それは単にいつもと違う姿勢によるものだと気づくでしょう。

　アンバランスの理由が何であれ、今流れ込もうとしている適応力のエネルギーを覚えておくことです。現実を受け入れ、流れにまかせましょう。理論的なマインドは捨てることです。それは何の役にも立ちません。

マスターのルーン

　古い解決法にしがみついていると、疾風怒涛の時期があなたを混乱させるでしょう。しかし、もし創造性を育み開化させれば、その時は祝福にもなり得ます。

　逆位置の『禅公案』は、今まで体験したことのない不快な状態、ためらいや疑いの暗闇、頑なな心の盲目さを表しています。
　あなたは深い夢か白昼夢の中で、禅の考案に論理的な解決法を求め、うろうろしているかのようです。
　このルーンは、あなたがやみくもに進んでいる心の空間を見つめなさいと告げています。考案の解答は、あなたを今ここに立ち返らせることで、問題を溶かしてしまいます。それは過去と未来を越えたもの、ふたつの呼吸の間、ふたつの音の狭間にあるものです。
　今ここ——それはあなたの存在の静けさです。
　マインドは白と黒、喜びと悲しみを分かつものですが、あなたの存在は全一です。この逆位置のルーンは、あなたが問題を解決しようと試みることで、かえって解決を困難にしていることを示しています。解決は不可能なのです！　あなたは解決法を探しながら、解決を逃しています。どこまでも自分自身であることによって、解決に身をゆだねればよいのです。

禅公案　逆位置

MASTER

第 2 章

禅ルーンの
引き方と配置

禅ルーンへの尋ね方

　ルーンは、古代の占いの道具です。そして、どんな占いの技でも、試してみるには実際のリーディングこそ最良の方法です。ルーンと何らかの方法で戯れることは、微妙な状態で愛を交わすのに似ています。そして戯れそのものが、試る人たちを魅了します。

　でも、最初にすべきことをまずやっておきましょう。ルーンの神秘の世界では、初心者の第一の戒律は「リラックス」です！　そう、リラックスです——何であれ、来るべきものはただやって来るということを理解しながら。心配はいりません。そして、もしこのルーンとの出会いによって親密なスペースが生まれるのなら、ただ単純にそれを体験すればいいのです。

　もしあなたが、易やタロットなど、ほかの大衆的な占いの技にまだ慣れていないなら、「正しい」と感じるリーディングにリラックスしながら入っていく方法を提案しましょう。

　とりわけ大切なのは、「スペース」です。暖かくて居心地よく、リラックスしていて、歓迎的な雰囲気を生み出す物理的なスペース——リーディングをする部屋の物理的な空間だけでなく、もっと大切なのはあなた自身の心理的な「内なるスペース」です。柔らかく、静かでリラックスした瞑想的スペースの中に身をゆだねましょう。静かに座って深呼吸し、呼吸の流れによって、情緒的・物理的身体に隠れた内なる緊張を、意識的に解き放ちましょう。すると、この内なるスペースがつくり出されます。

普通、このような意識的な呼吸は、静かな内なるスペースを生み出す助けをしてくれます。そこでは、ひとりでに思考過程がゆっくり結晶化し、凝縮されていきます。

　この内なる問いのための沈黙のスペースは、知識の神秘的次元に入っていくために不可欠なものです。

　私自身の経験では、ルーンのような占いの道具を使うことは、真実への多次元的なヴィジョンに自分を開く刺激になります。ルーンの予言は、しばしば深い充実感をもたらします。このような占いは、時に警告であり、忠告であり、もしくは優柔不断や無気力の暗闇に認識の光をもたらす招待状でもあります。

　こういうわけで、次に説明する方法をとるとよいでしょう。この方法に従えば、明確な答を受け取るために明確な質問をし、様々なレベルでルーンに尋ねる繊細さを身につける助けになります。

内なるスペースを生み出す

　ひとりで、または友人と沈黙のハーモニーの内に座りながら、あなた自身の内側と周囲に沈黙のスペースを生み出しましょう。

　あなたが携えているかもしれない身体やマインドの、あらゆる緊張やストレスを解き放つために、2、3回深呼吸をします。ルーンのリーディングでは常に、穏やかな呼吸と、開放性と受容性の内なるスペースが必要です。

　さあ、目を閉じてルーンを「感じ」始めましょう。選ぶ準備として慎重に触れながら、直感をよりよく働かせるために左手を、または左利きなら右手を使って「感じ」始めます。

　そして、選んだルーンを決められた配置（1、3、5またはそれ以上のルーン）に並べます。正位置か逆位置かによって違った意味を持つルーンがたくさんあるので、うっかり上下逆に置かないよう気を付けてください。

　実際のリーディングでは、それぞれのシンボルの意味を述べた本書の索引のページで、自分の選んだシンボルを調べます。ルーンは一般に、正位置では直接的で肯定的なメッセージをもたらします。ところが逆位置では、しばしばルーンの暗い側面を表します。それは、それぞれのシンボルの潜在的な肯定的側面を受け入れることに対する、私たちの抵抗の反映です。

　実際は、逆位置のルーンも、正位置のルーンが持つ意味を含んでいます。しかし、その肯定的な力を活性化するには、反対の意味によって示された私たちの抵抗を認め、受け入れることが必要なのです。

禅ルーンの配置とプラン

　ルーンは極めて柔軟性に富んだ道具で、様々な異なる配置に簡単に当てはめることができます。ものは試しで、本書の中のいろいろな配置を試みるだけでなく、「ケルトの十字」や「運命の神の車輪」のような、タロットからの古典的な配置を楽しんでみるのもよいでしょう。そのうち、あなた自身の個人的なやり方に合った配置を理解し、発見し、作り出すことができるでしょう。しかし、あらゆる問題への徹底的なリーディングができる簡単な配置について、少し解説しましょう。

1.基本の配置——最良の願いごと

　基本の配置ではルーンを1枚だけ使います。それは、ある特定の状況の予言的な「写真」として働きます。日々のメッセージとして働く「日々のルーン」として、または、もしあなたが新しい仕事を始めていたり家の新築を祝っているなら、「最良の願いのルーン」として、選んでもかまいません。

　1枚のルーンのリーディングは、悩めるハートを和らげる完璧な治療法です。特に、新しい冒険を始めるにあたって励ましの必要性を感じていたり、または感情的な猜疑心がマインドをもみくちゃにしているときなどには。時には、あなたの生に必要な太陽の光をもたらすのに、1枚のルーンで充分なこともあります。

　たとえばあなたが試験、面接、またはただ単に何か新しい買い物をするといったことに直面している場合、選んだルーンを持っていくと心の支えになります。または、新しい道具で仕事をしているなら、ルーンを1つ選んで、そのシンボルを道具の上に描いたり、彫り込んだりしてもよいでしょう。こうして、その道具の持つ創造性をより豊かに発揮させる、宇宙的エネルギーを呼び寄せるのです。

　シンボルの意味は、コントロールしたほうがよいでしょう。シンボルは、活動を始めるのにふさわしい時を告げたり、もっと適切な時を待つようにと告げたりします。そして、たまたまそのルーンが的はずれなときは、もっと受け容れやすく調和のとれた時を待つほうがよいでしょう。

単独の配置の場合、目の前のルーンから1枚だけ引きます。ほかの配置を選択するなら、ルーンを引く前に、その配置を必ず思い浮かべるようにしましょう。

　ルーンを引くもうひとつの方法として、まずルーンに触れたり、ただ単にそのエネルギーを感じたりしながら、表を下にして自分の前に広げます。ひとたびこの関係を築けば、自分の手がルーンに向かって引き寄せられるままにすることができます。そしてルーンを側に置きます。準備ができたと感じたら、ルーンの数を調べます。そして、シンボルを見ずに、それらを一番よいと感じる場所に置きます。それは、すばらしいリーディングとなります！

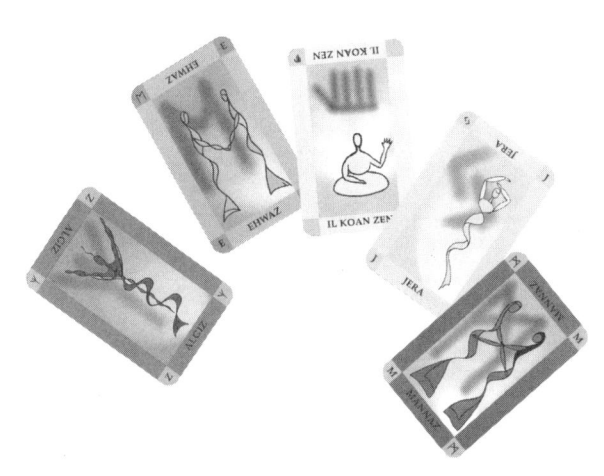

2.過去の影響と結果、投影——3枚のルーン

　3枚のルーンによるリーディングは、過去の影響とそれによって起こり得る結果を見ることで現在の問題に取り組む、すばらしい方法です。
　このリーディングは、あなたが通過している「季節」という考えを与えてくれます。たまたまそれが特に気乗りのしない困難な時だったら、「3枚のルーン」はあなたがどこから来てこれから何に出会うかを示し、障害を取り除いてその進行を速めるために学ぶべき事柄を示します。

　このリーディングでは、次のように配置します。
　①現在のための1枚：中央
　②過去の影響のための1枚：左側
　③それによって起こる結果のための1枚：右側

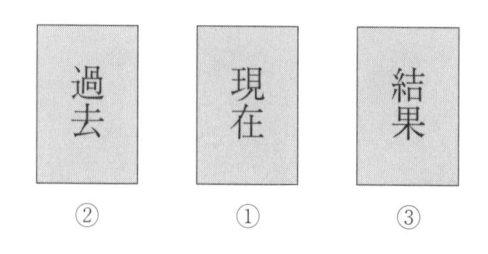

過去	現在	結果
②	①	③

3枚のルーンの配置をリーディングするもうひとつの興味深い方法は、投影ゲームです。これは、自分の現在を、自分自身と他人の投影や期待との関わりにおいて見ることができます。

あなたは、自分でも気づいていない困難やプレッシャーのタイプについて、理解の一瞥を得ます。

このリーディングでは、次のように配置します。
①現在の状況のための１枚：中央
②あなた自身の投影と期待のための１枚：左側
③そして、他者の投影と期待のための１枚：右側

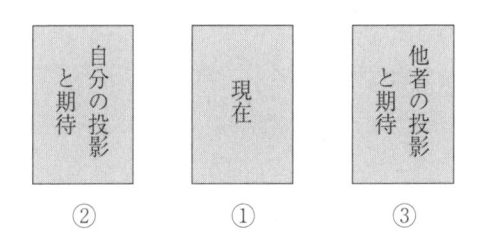

自分の投影と期待	現在	他者の投影と期待
②	①	③

3.判断——5枚のルーン

　ある状況において物事がはっきりしない場合は、5枚のルーンの配置を用います。最初に選んだルーンはあなたの状況で、右側を下にしてあなたの前に置きます。それは、「正義の女神」としての存在が、あなたの状況をどれほど客観視しているかを表します。次に肯定的な影響のルーンを右側に置きます。次に否定的な影響のルーンを選びます。それをあなたの左側に置き、次は結果のルーンで、下の方に置きます。ここで、ダイヤモンドの配置が出来るはずです。そして、中央にマスターの示唆のルーンを置きます。

　時おり、否定的な影響は肯定的であり、逆もまた同様であることに気づくでしょう。この場合、ルーンのメッセージを影像や感覚や音として受け取り、起こりつつあることの概要をルーンに説いてもらうとよいでしょう。互いに関連させ、配置に応じてルーンをリーディングしてください。目を閉じて、しばらくの間、意味があなたの無意識の中で巡るにまかせましょう。
　時おり、マインドにはすぐに理解できないことが、無意識によって睡眠中や夢の中で理解され、翌日、気づきや光や知恵のひらめきといった形で明らかにされます！

　特に「ルーンの世界」と初めて出会う場合は、リーディングをより簡単にするために、問題を特定の行為に関したものに絞るとよいでしょう。存在があなたに何を見させたいのか——それは今のところはっきりしていません——

それを吟味し、それからリーディングを通してメッセージを得るとよいでしょう。

　別の行為に焦点を絞りながら、一度並べたルーンをそのままにしておき、ほかの4つの位置に新しいルーンを引いてもかまいません。

　例を挙げましょう。

　もしあなたが休日にどこへ行こうか決めかねているなら、あなたが今住んでいる場所のためのルーンを、引きます。次に、たとえばインドに旅行する可能性について考えながら、ほかの4枚のルーンを選びます。

　もし、それらをリーディングした後でも状況が依然としてはっきりしなかったら——静かな地中海の浜辺のリゾートに対する欲求が、あなたをまだ引っ張っているという理由で——この可能性のために、ルーンをさらに4枚引くとよいでしょう。

　この時までに、あなたは何が自分にとって最良かを、はっきり理解しているはずです。

```
            現状
             ①
   否定  マスター  肯定
    ③     ⑤      ②
            結果
             ④
```

もしそうでないなら、自分はどこにいようとかまわない、どこにいようと運命は自分について来るということに気がついているかもしれません。
プロセスを流動的なままにし、あなたの注意を現在に保ちましょう。

　そして……良い旅を！

　例を挙げましょう。以前、私は仕事に不愉快な感じを抱いていました。そこで、自分のエネルギーをルーンと通わせ、それからルーンを引き始めました。

①現状（正義）のための１枚
②肯定的側面のための１枚
③否定的側面のための１枚
④結果のための１枚
⑤マスターの一瞥のための１枚

①エイワズ逆
②ナウシズ
③ラグズ
⑤カノ
④マンナズ逆

現状に対しては、『エイワズ』の逆位置が出てきました。そしてそれは、居心地の悪さは「多忙」と関連していて、私は多少のくつろぎを必要としていることを示していました。

　肯定的側面の『ナウシズ』は、私の困難に対して、助言という形では何ひとつ示してくれませんでした。私は、自分の行為を心から信頼せず、先に進むことに抵抗しているのだとわかりました。そして否定的側面に『ラグズ』が出ました。それは、私が多くのことをやり過ぎ、自分の直感的側面が仕事の中で流れ花開くのを助けずにいて、自分の男性的側面と女性的側面のバランスをとる過程に抵抗していることにはっきり気づかせてくれました。

　『マンナズ』の逆位置は、批判せずにこの過程を受け入れるように示唆しました。瞑想の沈黙のスペースに再び注意深く入っていき、浄化の過程が起こるにまかせればよいのだと示してくれました。

　それから、「マスターの一瞥」としての『カノ』が、そのプロセスを通過する強さを与えてくれました。それは、「魂の暗夜を通過するとき、あなたは手に松明を持っている」という言葉を思い起こさせてくれました。つまり、これに打ち勝てば、明晰な視覚と、疑いを消し去る光を見出すということです。

このリーディングを通して、私の女性エネルギーの直感が、仕事の中で自分自身を表現するスペースを見つけようとしていたことがわかりました。それは、私の注意を必要としていました。そして自分の居心地の悪さは、このプロセスに対する自分自身の抵抗と関連していると悟ったのです。

　瞑想と沈黙を通してそれを受け入れ歓迎することは、新たな成熟を得る機会を与えてくれました。それは、私の内なる知恵をより豊かにし、私の活動を増やし、新しい仕事を始めるのを可能にしてくれました——中心を定め、喜びに満ちて続けられるようにしてくれたのです。

4.星の配置──身近な物事への洞察

この配置は投影の配置を発展させたものです。（3枚のルーンのリーディングを見てください。手近な物事に対する、より良い洞察が必要な場合に役立ちます。）これは、次のように配置します。

①現状のための1枚：中央
②あなた自身の投影と期待のための1枚：左側
③他者の投影と期待のための1枚：右側
④星（宿命、運命、カルマ）の影響のための1枚：下の左側
⑤あなた自身の内なる知恵のための1枚：下の右側
⑥禅マスターの助言のための1枚：中央の上

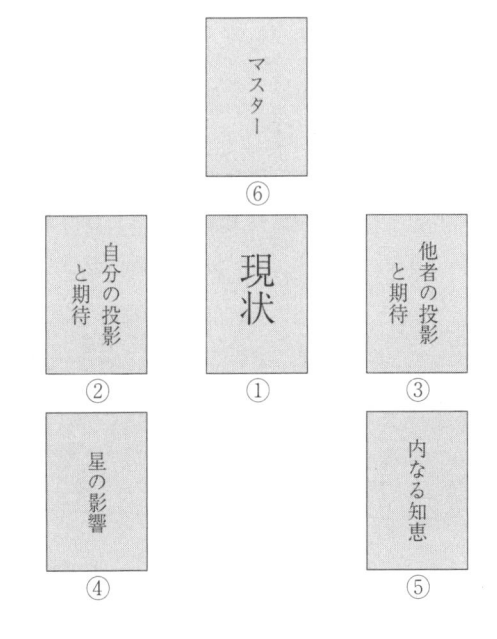

```
            ┌─────┐
            │マスター│
            └─────┘
              ⑥
┌─────┐   ┌─────┐   ┌─────┐
│自分の │   │     │   │他者の │
│投影と │   │ 現状 │   │投影と │
│期待  │   │     │   │期待  │
└─────┘   └─────┘   └─────┘
  ②         ①         ③
┌─────┐             ┌─────┐
│星の  │             │内なる │
│影響  │             │知恵  │
└─────┘             └─────┘
  ④                   ⑤
```

この方法による配置は、5つの点を持つ星のように見えるでしょう。この配置は、自分の状況を自分自身と他者の投影や期待との関わりにおいて見るのに役立ちます。これは、あなたの現在について、鏡の反射のような映像をつくり出します。そしてそれは、次の3枚のルーンのリーディングによってさらに深められ、もしくは根本的に変容されることもあります。

　実のところ、あなたの内なる知恵や星の影響からのメッセージをリーディングし、加えて禅マスターの助言をリーディングすれば、あなたや他者の欲望、期待、投影の背後にあるヴィジョンを得るでしょう。

　その示唆は、自分の状況のある側面により深く入っていくのを助けてくれます。もし、このリーディングによって問題が確かめられたら、それは投影と期待で出来た夢の国を、単なるマインドの雲の影として完全に落とす糸口になり得ます。そして真の問題——あなたの成長——にもっと深く迫るための糸口にもなり得ます。

5.今生と他の生での問題点──7つのチャクラ

　これは、チャクラに関連して、今生と他の生で繰り返し起こる主な問題を見るための配置です。
　まず、右手でチャクラのエネルギーを体に、または体から離れて感じ、各チャクラとひとつずつ繋がることから始めます。そして完全にそれと調子が合っていると感じたとき、左手でルーンを1枚選びます。それを7番目のチャクラまで続けます。

①第1チャクラ：脊柱の基部。生命維持、基になる力、自己サポート、性的生活を生きることに関わります。
②第2チャクラ：へそ下2インチ。情緒、依存性、官能性、死、自己価値に関わります。
③第3チャクラ：太陽神経叢(みぞおち)。個人的な力とその使われ方、誠実さ、道義心に関わります。
④第4チャクラ：胸の中央。愛、信頼、同情心、受容に関わります。
⑤第5チャクラ：喉。表現、コミュニケーション、創造性、感受性に関わります。
⑥第6チャクラ：眉間。洞察、直感、透察に関わります。
⑦第7チャクラ：頭頂。知恵、宇宙との一体化、神性、いっさいに関わります。

　もし1枚のルーンをリーディングし、そのリーディングに安らぎと心地良さを感じるなら、ほかのルーンを引いてはいけません。

もし何らかの理由でその意味に安らぎを感じなかったり、ある特定のチャクラとそれに関わる問題の重要性がわかっていたり、ルーンが今のあなたのヴィジョンを満たしていない場合は、カルマの根を見ることです。そして過去生の問題がいまだに解決されず、この瞬間に関わっているかどうかを調べましょう。

例を挙げましょう。ある友人が7枚のルーンを引き、私たちはリーディングを始めました。

第1チャクラは『ラグズ』を引きました。それは水の力を表します。心地良い生と共に流れるというメッセージでした。私たちは続けました。

第2チャクラは『ハガラズ』を引きました。それは自然の諸力の崩壊、運命の強さを表します。再び、流れるという示唆が良い感じを与えていました。そこで、私たちは続けました。

第3チャクラは、『オシラ』を引きました。それは自分自身と自分の力から離れず、古い習慣と権力争いを止めるよう注意を促しました。

第4チャクラは逆位置の『ベルカナ』を引きました。それは、新しい生と成熟への妨害を表します。さらにそれは、ちょうどそのとき起こった「利己的な」行動に起因する失敗を示唆しました。私の友人にとって、強烈でしかも真実であるこのメッセージは、カルマの根を見なさいと告げました。

⑦ 第7チャクラ　　| アンスズ |　　エネルギーの尽きることなき泉
　（頭頂）

⑥ 第6チャクラ　　| ゲーボ |　　男性と女性エネルギーの調和
　（眉間）

⑤ 第5チャクラ　　| フェイヒュー |　　成就と満足
　（喉）

④ 第4チャクラ　　| 逆 ベルカナ |　　新しい生と成熟への妨害
　（胸の中央）

③ 第3チャクラ　　| オシラ |　　自分自身と自分の力から離れず
　（みぞおち）　　　　　　　　　　古い習慣と権力争いに注意

② 第2チャクラ　　| ハガラズ |　　自然の諸力の崩壊、運命の強さ
　（へそ下）

① 第1チャクラ　　| ラグズ |　　水の力
　（脊柱基部）　　　　　　　　　　心地よい生と共に流れる

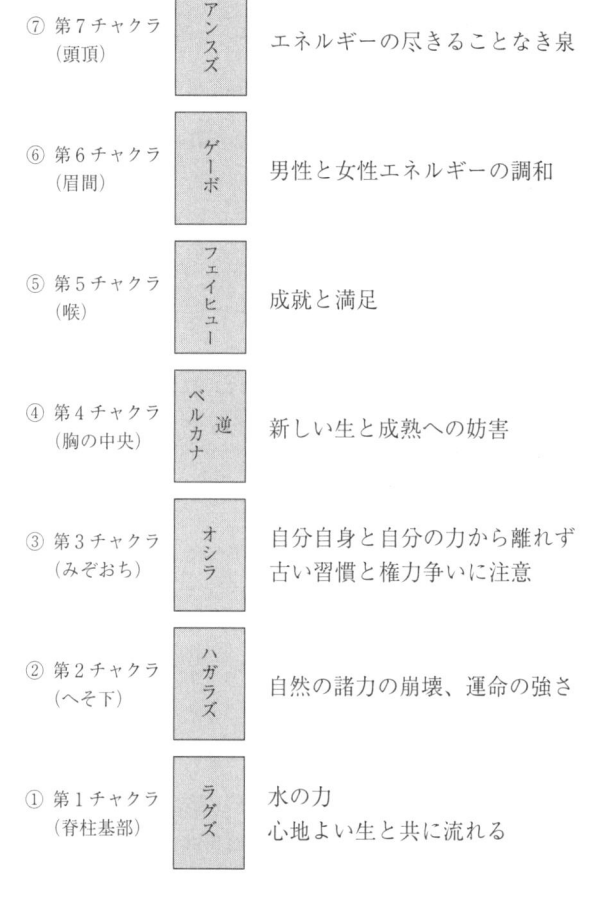

そのルーンは、逆位置の『エワズ』として現れ、行動の問題を再び持ち出しました。そして、この問題については、ハートの中でくつろぐように、それを気楽に受け取るようにと勧めました。

第5チャクラは『フェイヒュー』を引きました。それは、成就と満足のメッセージです。私の友人が現在の仕事の上で表現している創造性の発揮と完全に一致しました。この明快さのおかげで、私たちはさらに続けていくことができました。

　第6チャクラは『ゲーボ』を引きました。このルーンは、男性と女性のエネルギーの調和を強調します。「直感と受容が合理性、行動性、権力といった男性的な質に溶け込むままにする」というこのリーディングは、第4チャクラで逆位置の『ベルカナ』が与えたメッセージと関連していました。

　それはまるで、この利己的な行為はすべて、ハートのチャクラと関連する男性と女性の質のアンバランスさとしてリーディングできるようでした。

　私たちはこのメッセージを重視して、カルマを概観してみることにしました。彼は、逆位置の『パース』を引きました。それは、「神秘への参入」に対する過去生の抵抗を示唆しました。
　これは、男性と女性のエネルギーの調和は、過去において忌避されてきた問題だったという洞察を与えてくれました。

　それはおそらく、秘技参入への忌避と関連しています。この概観のおかげで、私たちは最後のメッセージへと続けることができました。

第7チャクラは『アンスズ』を引きました。このルーンが示唆する「エネルギーの尽きることなき泉」は、まさに瞑想者の可能性を描いていました。ほかに何を求めようというのでしょう？　私たちはこれを充分満足のいくメッセージとして受け取り、リーディングの美しい締めくくりとしました。

　私は本当にこの配置のすばらしさに驚き、私の友人は本当にそのメッセージに感動しました。私は、友人が1ヶ月のチャクラとエネルギー体への強烈なワークショップに参加したことを知らせてくれるまで、それほどの変貌が可能だとは信じられませんでした。みなさんも、同じように満足のいく体験をすることを願っています。

6.過去生のリーディング

　過去生の問題を見るのは、とても難しいことです。だから私は、現在の問題のためにまずルーンを1枚引いて、納得できないときにのみ、さらに引くという方法が好きです。

　2番目のルーンは、過去生に関連した問題に焦点を当てるときに選びます。そのとき重要なのは、メッセージとふたつの間の関連を理解することです。

　3番目のルーンは「マスター」の示唆です……私はルーンや、形や、シンボルや、伝統的な意味を、禅の俳句を感じながらリーディングするのが好きです。私はメッセージを読まないでおきます。なぜなら、マスターや私たちの内なる癒し手(ヒーラー)、または内なる知恵は、伝達に多くの言葉を必要としないからです。しばしば、それはただ単に理解の一瞥としてやって来ます。

　それでもなお説明が必要なら、現在の問題が次の生でどう変化するかを表すものとして、4番目のルーンを引いてもかまいません。このリーディングは、詳しい説明としてではありませんが、しばしば、あなたのマインドがどこであなたの過去に影響しているかを示してくれます。

7.関係性の配置

ルーンの研究をしている間に、私は関係性の問題——それは、往々にして愛や仕事に関連しています——に関心が集まることに気づきました。90パーセントの質問者はこう尋ねます。

「それで、私の誰それとの関係についてはどうですか？」

私は、人間関係のいろいろな側面を見るために、関係性の配置をつくりました。自分の人生経験から学んだことですが、私たちは幸福やすばらしい時間を分かち合うためだけに人と出会うのではなく、何らかのとても重要な物事を学ぶためにも人と出会うものです。起こっていることの理解、自分が何を学ぶことになっているかを理解することは、関係性のためにも、私たち自身の成長のためにも、大いに助けになります。

私は質問者に、関係性において自分のために1枚、相手のために1枚、関係性のために1枚ルーンを選ぶように言います。左側に質問者のルーンを並べ、右側に相手のルーン、そして中央に関係性のルーンを並べます。

そして質問者に、すでに学んだ物事のためにルーンを1枚選んでもらいます。そして、質問者が学びつつある物事のために1枚。それらは、最初のルーンの下の左側に並べます。

同じように、質問者の相手のために右側に並べます。
最後のルーンは中央に置き、これは関係性を表します。

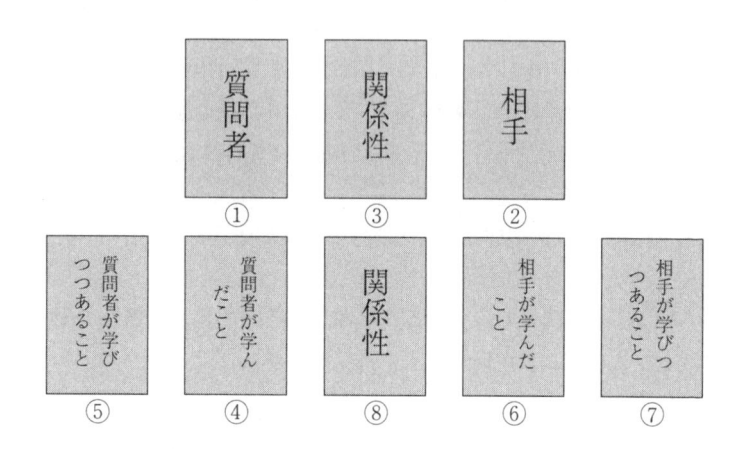

```
  ┌──────┐ ┌──────┐ ┌──────┐
  │ 質問者 │ │ 関係性 │ │ 相手 │
  └──────┘ └──────┘ └──────┘
     ①       ③       ②

┌──────┐┌──────┐┌──────┐┌──────┐┌──────┐
│相手が ││質問者が││ 関係性 ││相手が ││相手が │
│学びつ ││学んだ ││       ││学んだ ││学びつ │
│つある ││こと   ││       ││こと   ││つある │
│こと   ││       ││       ││       ││こと   │
└──────┘└──────┘└──────┘└──────┘└──────┘
   ⑤       ④       ⑧       ⑥       ⑦
```

　この配置は、人間関係の結び方について充分なヴィジョンを与えてくれます。逆位置のルーンを見たら、どこに障害があるかが簡単にわかります。

　この配置は特に、重大な局面や、ジョイント・ベンチャーなどの事業を行なう場合の助けになり、無意識や隠れた障害を明らかにしてくれます。もしくは、私のいくつかのリーディングで起こったように、オープンで親密な愛の心地良さを強調します。

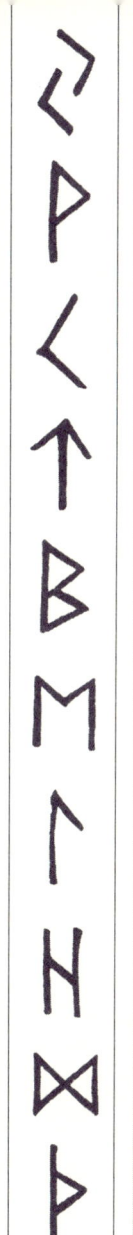

第 3 章

禅ルーン・ダンス

――ダンス、瞑想、マジック

ダンス、瞑想、マジック

　ダンスは、体の動きが音と調和するテクニックです。音と動きの共時性には、多大の注意と気づきが必要です（それはしばしば、才能やプロフェッショナリズムなどと呼ばれます）。でもこういった特質は、自然な瞑想体験や、意識の別の段階への扉を開きます。

　過去の神聖な諸宗教と同じく、シャーマニズムも神と接触するために神聖なダンスを使います。

　昨今、古代の秘教的伝統から再び甦ったダンスの中に、グルジェフの紹介したダンスがあります。それは、踊り手をその人自身の実存の中心に据える動きを用いています。

　エジプトとトルコの伝統的なベリーダンスは、深遠で神秘的な秘教的伝統を残しています。踊り手は、7つのチャクラそれぞれにつながる7つのベールを取り除き、クンダリーニ・エネルギーを目覚めさせます。

　古代アフリカの伝統的な神秘の儀式である、ブラジルの「マクンバ」も挙げられます。それは、特別な磁場を創出したり、その創出を促進したりすることで、また情緒的でエネルギッシュな動きによって、音と動きの力を強めます。

　この多少なりとも知られたダンスは、何世紀にもわたる霊的探究の成果である古代の知恵が、聖なる儀式の象徴性を通して、いかに後世の人々に守られ、引き継がれてきたかを示しています。

このダンスに加われば、ダンスが貴重な秘教的知識を描き、記録するキャンバスとしてどう使われてきたのか、簡単に理解できるでしょう。

　ダンスは実際、白いスクリーンと考えられます。そこには、ある実存の境地のあらゆる色彩や光彩を表すことができるのです。

　みなさんはスーフィーダンスの魅力や、グルジェフ神聖舞踊の魅力を思い起こせるでしょう。そこでは、多くのダンス・テクニックの中に隠された、神秘的な潜在能力を一瞥することができます。

　実のところ、これらのダンスで、ダンスの中に消え入るのは踊り手だけではありません。観察者もまた、ダンスの中に消え入ります。そして、神性との神秘的な出会いを味わうのです。

　光明を得たマスターの臨在の中にいる弟子が、未知なるものの香りを経験できるように、こうした神秘的な儀式やダンスへの参加者は、激しくダンスしたり歌ったりしなくとも、確信とガイドを得ることができます。

　ダンス、マジック、瞑想は、古代の儀式的な伝統の中でお互いに出会います。そこでは、現実の世界が別の世界と出会うのです。それは彼方なるもの、未知なるものを体験する場を与えてくれます。

禅ルーン・ダンスとは

「ルーン・ダンス」は、古代ケルト神話の神秘的な世界と再びつながる試みです。それは、長い間忘れられていたけれども、人類の古来の魂から消え去ってはいない世界なのです。

事実、ダンスは先祖代々の記憶や、遥か彼方の幻想のスペースとの接触を容易にします。ルーンのシンボルが示すポーズを通して、接触は可能になります。

ルーンを体験するこの革新的な方法によって、聖なるダンスを瞑想的な儀式として再認識することができます。

ルーン・ダンスでは、瞑想的なアプローチに要求される強烈さゆえに、シンボルとの融合を通して深い直感的な理解が体験できます。

ダンスを体験しやすいように紹介するために、禅ルーンをカードにしました。それは、シンボルを踊るポーズを表しています。

各ルーンのシンボルに結びついている絵柄は、ダンスを踊るポーズを見やすく表したものです。

奮闘や努力がないこと——それがくつろぎと受容という内なる状態を保ってくれます。「ダンスに入っていく」には、そうしたことが必要です。

様々なルーン・ダンスに入っていく前に、私が構成したダンスを試してみることをお勧めします。確実かつ簡単にアプローチできるでしょう。

ご存知のように、あらゆるダンスはひとつの単純な演技から

なり、すばらしい効果と共に、確実で興味深い結果をもたらします。ダンスはひとりで、または数名の友人と共に踊られます。

ルーンを踊るという体験は、あなたをダンスの神秘的な宇宙へと導きます。それは、ルーンのシンボルとそのパワーについての理解はもちろん、新しいヴィジョンをも与えてくれるでしょう。

1.競争に打ち勝つダンス

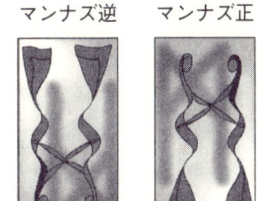

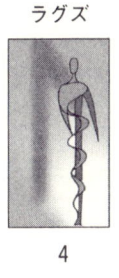

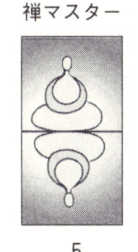

マンナズ逆　マンナズ正　カノ　ラグズ　禅マスター

1　2　3　4　5

人生における競争は、無意識のレベルで起こりやすく、危機や傷として不意に現れます。

このダンスは、逆位置の『マンナズ』から始まります。それは、競争や、触れ合いにおける疎外や、比較といったものの重圧をはっきり思い起こさせてくれます。

第2のルーンは、正位置の『マンナズ』です。それは、競争を協力に変え、比較を相互支援に変える変化を感じるためです。

第3のルーン『カノ』は、再びオープンするのに必要なエネルギーを集めるのを助けます。

そして、ひとたびこの傷に打ち勝ったら、新たなスタートのための準備ができたと感じるでしょう。そしてあなたは、自分自身の競争的なゲームや、機械的な行動や、真実に反発して遠ざかることに対して、もう少し意識的になるかもしれません。

第4のルーンは、『ラグズ』です。それは、あなたの内なる知恵と直感の苗木に水を与えます——それが早く成長して、新しい感情の開放ができるように。

最後のルーンは、お察しの通りマスター・ルーン——『禅マスター』『笑い』もしくは『禅の公案』です。実際、競争といった人間の反応を扱い、そしてそれから私たちを守ってくれるダンスに、禅による結びを持ってくるのはすばらしいことです。そして瞑想的なアプローチは、強靭さを再発見し、同じ反発的なゲームを繰り返さない生に飛び込むための方法なのです。

2.受容と歓喜のダンス

アルジズ　　ベルカナ　　ソウェイル　　サガズ　　ウンジョー

1　　　2　　　3　　　4　　　5

これは、もっともすばらしく楽しいダンスのひとつです。その生と歓喜、その強さ、そして……明け渡し。

第1のルーン『アルジズ』は、存在の意思、呼吸、そして生きている生へのトータルな明け渡しを意味します。——

自分が悲観的な事柄から守られていることを、大いなる信頼と共に理解しながら。

　第2のルーン『ベルカナ』は、私たちの実存の自然な流れを思い出させてくれます。それは、私たちが邪魔しなければいつでも起こります。

　ここで『ソウェイル』のための土壌が整います。『ソウェイル』は、太陽エネルギーの強さと活力によって輝きます。それは、潜在能力を現実化する方法を示してくれます。

　それは、『ベルカナ』によって表される春が、夏と実りに向かって流れ込むのを許すことに似ています。それは『ソウェイル』の力によって可能になります。

　第4のルーン『サガズ』は、変容を助けるでしょう。そして、あなたの道を照らしてくれます。

　第5の『ウンジョー』は、生の美しさを楽しむ体験を、再び思い出すようにと告げます。喜びに満ちて明け渡し、愛を受け入れる用意をしながら。

3.困難に打ち勝つダンス

イサ	エイワズ	テイワズ	ライゾ	ゲーボ	ラグズ
1	2	3	4	5	6

生における困難は、しばしば生からのメッセージであり、自分自身のためらい、または生の流れへの抵抗と関連しています。
　このダンスは、様々な問題に関連し得るので、様々な方法で始めることができます。
　この困難の根が自分のわがまま、または凍りついた恐れにあると認める場合は、ダンスを『イサ』から始めるとよいでしょう。または、あなたが外からの影響を感じるなら『エイワズ』で、カルマの物語の感触を感じるなら『ナウシズ』で始めてもかまいません。

　第2のルーンは『エイワズ』がよいでしょう。それは、新しい機会への扉、そして気づきの鏡として、新しいエネルギーや新しい友人をあなたの日常生活の中へ招き入れてくれます。

　『エイワズ』の目覚ましい動きは、「行き詰まり」や、凍りつき怯えているエネルギーの頑なさに打ち勝つ助けになります。それはまた、あなたの適応性を再び目覚めさせてくれます。

　第3のルーンは、『テイワズ』がよいでしょう。それは、自分自身の道を知り、それに従うことを助けてくれます。進むべき方向を認識させ、あなたのエネルギーのバランスを取ります。

　第4のルーンは『ライゾ』です。それは、再発見されたあなたの個人的成長の道において、すべての新しい発達を助けます。

第5のルーンは『ゲーボ』です。そのハーモニーは、あなたが世界へ、愛へ、友情へと開いていくのを助けてくれます。それは、対立するものの内なるバランスを補強して均衡を保ったり、自分自身を育む能力を豊かにしたりすることで可能になります。

　最後のルーンは、『ラグズ』しか考えられません。『ラグズ』は溶けていくプロセスであり、適応性を通して身につけた流れでもあります。このルーンの女性的な柔らかさは、その全プロセスから学ぶ究極の教訓となるでしょう……

　もしあなたが適応できるなら——水が決してその流れを止めずに順応するように——どこに困難などあるでしょう？

4.創造性を発揮させるダンス

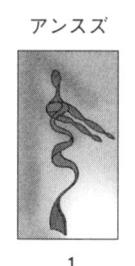

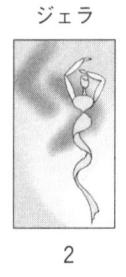

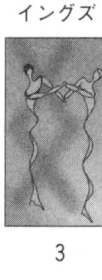

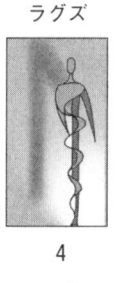

アンスズ　　ジェラ　　イングズ　　ラグズ　　禅マスター

1　　　　2　　　　3　　　　4　　　　5

　あなたの創造性を発揮させる最初のステップは、メッセージと合図を受け取るための、沈黙と受容のスペースを生み出すことです。こうして、霊感と創造性のためのスペースをつくるのです。『アンスズ』はこのプロセスを助けるルーンです。

　第2ステップは、創造性が独自のペースで発達するプロセスを邪魔しないよう、着実さや忍耐強さを心掛けることです。

『ジェラ』はそのための良い助言者であり、急がないこと、期待、地に足をつけていて、誠実な進歩のルーンです。

第3ステップは、『イングズ』を選びます。それは豊かさと活力を持ち、友人や知人たちと共同で働く環境を通して、創造的な潜在能力を支援します。

第4ステップは、直感的で、流動的で、適応性のある『ラグズ』と、その柔らかで女性的な力です。それは、必要とされるあらゆる感情、深み、感性の鋭い創造力によって、ダンスを豊かにします。

第5ステップは『禅マスター』です。それは、すべての可能性、そして虚空すらも映し出す鏡です。このルーンは、私たちが創造したもの——私たちの所有物——と自己同一化してはいけないと告げています。それらは実在するものではありますが、いかなる瞬間にも存在しなくなるかもしれません。

創造者と被創造物は、一なる実在の一部として、どちらも究極的には全体に戻っていきます。にも関わらず、それを超えているのです。

5.ひとりで踊るルーン・ダンス

　ひとりで踊るダンスは、ルーンに関する深い知識が必要です。そしてまた、ルーンの意味と生の援助となるその力を理解する過程において、質問者と経験を共にできる助言者の存在も必要です。

　実際のダンスを見つけるには、よくある相談事のようにルーンにアプローチしなければなりません。それには、くつろぎ、集中、テーマへの焦点化といったフェーズを用います。

　次にルーンの配置を選びます。それは質問者が選ぶか、助言者が提案します。

　助言者は選んで置かれたカードを注意深く、一度に１枚ずつめくります。そして、カードの名前、キーワード、それが結びついているメッセージなどを話しながらそれぞれのカードを質問者に示し、質問者に自分のポーズを決めてもらいます。こうしてシンボルとその意味の、身体的、精神的、情緒的な連携が得られます。

　パートナーを必要とするルーンは、もしあなたがグループの中にいるか、または個人的なリーディングに際して助言者のそばにいるなら、仲間に助けてもらいながら解釈できます。

　ルーンを受け入れにくい場合、助言者は質問者が自分の困難を見つめるのをやさしく助けるでしょう。そしてシンボルの積極的な側面、消極的な側面の意味を深めるでしょう。

　セッションを終了する前に、質問者が自分のダンスを記憶し、ひとりで実行できるようになるまで、そのポーズを大まかに描き、デザインします。

6.支えのルーン・ダンス

　経験を積んだ助言者——ルーン文字の意味と力の、真の知識に深く触れている誰か——と一緒なら、新たな支えのダンスを作り出すことができます。そのような助言者は、あなたと共に支えのルーン・ダンスを作り出すことができます。

　このルーン・ダンスは、特定の問題を見つめ、意義ある成果をもってそれを解決するために用います。

　第1ステップとして、助言者は質問者に問題のためのルーンを1枚、そして結果のためのルーンを1枚選んでもらいます。

　第2ステップとして、助言者は成長のプロセスを助けるために、ほかのルーンを加えるよう提案します。そしてルーンの意味と、問題に対するそれらの関係を説明します。

　この段階で重要なのは、このテクニックは数多くの肯定的な可能性に対する援助のプロセスに過ぎないことを覚えておくことです。そしてそれは、すでに生の自然な流れの中で手に入っています。たとえば、もし質問者が人間関係の危機といった典型的な問題でやって来たら、質問者にルーンを1枚引いてもらいます。これは、この危機が質問者自身の個人的成長にとって何を意味するかを理解するためのものです。そして、結果のためにもう1枚引いてもらいます。

　次に助力者は、質問者や選ばれたルーンと「波長を合わせ」、より良い理解と平和的なコミュニケーションの方法を探しながら、問題に良い結果が出るよう援助するため、ほかのシンボルをいくつか提案します。

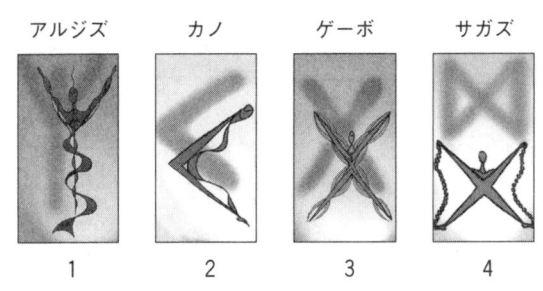

アルジズ	カノ	ゲーボ	サガズ
1	2	3	4

　一例を挙げましょう。かつて私は、あるクライアントを受け持ったことがあります。彼は2枚のルーンを選びました――1枚は自分の生に対する占星学の強烈な影響のために、もう1枚はその結果のために。

　問題のルーンは『カノ』で、結果のルーンは『ゲーボ』でした。この2つのルーンには、友人たちに支えられながら新しい理解への扉を開くという特質があり、すでにとても強力な力を持っていました。でも私は、このダンスをほかの2つのルーンによって、さらに豊かにしようと決めました。

　ひとつは『アルジズ』で、この特質は現在の瞬間の受容と明け渡しでした。もうひとつは『サガズ』で、この特質は質問者の成長の実現を援助するものでした。

　この選択によって、私は彼自身のダンスを『アルジズ』――生による保護への明け渡し――で始めてもらいました。次に、火の力と新しい獲得を感じ、このエネルギーを歓迎しながら、『カノ』へと続けてもらいました。

　第3のルーンで、彼は『ゲーボ』を踊りました――他者の貢献に対して自分自身を開き、自分の女性的・男性的エネルギー

が調和するのにまかせながら。

第4のそして最後のステップとして、潜在的な成功と実現化の価値を感じながら、彼は『サガズ』で自分のダンスを締めくくりました。

7.癒しのルーン・ダンス

私は禅ルーン・ダンスを作り出す中で、ルーンの神秘的な力によって近代の精神療法的アプローチと、心身のエネルギーを結びつけることが、どれだけ強力なものになり得るかを理解しました。事実、古代において、シャーマンたちは特別な儀式の中でシンボルを用い、病気を癒すのにルーンの力を使いました。

どうしたら、私たちの時代にこれが可能になるのでしょう？ 心と身体の相関性という概念は、自分の体を折り畳んだ姿勢をとり、ほんの数回呼吸をしたら、すぐにでも経験できます。

この姿勢なら、姿勢がどれほど自分の知覚、感情、エネルギーに影響を与えているのか、容易に感じとれるでしょう。

その後すぐ背筋を伸ばして座り、再び呼吸をすれば、情緒的レベルにおいても、知覚的レベルにおいても、その違いを感じとるでしょう。

この小さな経験は、どんなリーディングよりも姿勢の中にある強力な潜在力、そして情緒やエネルギーの流れと姿勢の関係を理解させてくれます。

私はセラピーの経験から、ルーンとその象徴的な姿勢を意識的に治療に使うことが、どれほど有効かを理解しました。

　癒しのルーン・ダンスは、どんな病気も偶発的なものではなく、明らかなメッセージを持っているという、心身相関的な概念に基づいています。

　私たちがそれに耳を傾けられるようになる瞬間、病気はもはや存在する理由をいっさい失い、エネルギーが再び流れ始め、病気の徴候は消えていきます。

　大切なのは、このテクニックを使うことで、姿勢やその象徴的でエネルギー的な意味に注意を向けることです。

　これが、体験を価値あるもの、愉快なもの、癒しに満ちたものにしてくれます。

　このリーディングは、問題に焦点を当て、心身のメッセージを見ようとするところから始まります。

　一例として、私が友人のために――彼の膨れ上がった分泌腺を見るのを助けるために――簡略化した5枚のルーンの配置について話しましょう。

・問題のための第1のルーンは、『ベルカナ』でした。
・積極的な影響のための第2のルーンは、『イングズ』でした。
・消極的な影響のための第3のルーンは、『ナウシズ』でした。
・結果のための第4のルーンは、『ウンジョー』でした。
・マスターの洞察のための第5のルーンは、『ゲーボ』でした。

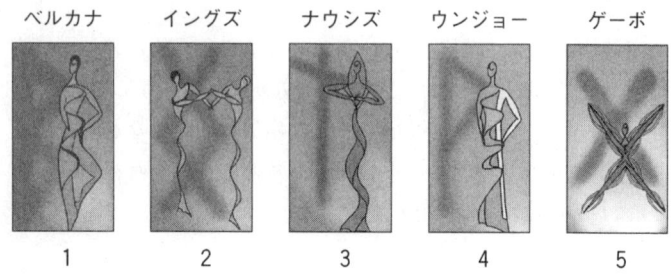

ベルカナ	イングズ	ナウシズ	ウンジョー	ゲーボ
1	2	3	4	5

　私はルーンを見て、今あなたの人生の中で何か恐ろしいものがありますかと尋ねました。

　彼は、自分の人生にどれほど多くの変化が起きているか、そして「それほどの強烈さ」に直面するのは、時にとても恐ろしいと認めました。

　私の質問は、ルーンを見て思いついたものでした。事実『ベルカナ』は、強烈な個人的成長の時期を積極的に暗示していました。しかし、消極的な影響としての『ナウシズ』は、「新しいこと」への過保護で自己防衛的な態度を示していました。

　積極的な影響としての『イングズ』は、彼にくつろぎなさいと告げていました。一方で、そのような強力な時期は妊娠のときにも似ています。それは、美しくて創造的な結果のための土壌を用意しています。

　結果の位置に出た『ウンジョー』は、事実、確かな報酬を約束していました。
　このルーンの美しさと肯定的な意味は、リーディングをよどみなく容易なものにしました。

マスターの洞察としての『ゲーボ』は、メッセージを明瞭にしました。それは、他者との遭遇が実際に起こる前に、内なるバランスをとることを示唆していました。

　このリーディングによって、私の友人は、自分の恐怖と自己防衛的な態度を手放しさえすれば、多くの肯定的な潜在能力を手にできると理解しました。
　彼は、膨れ上がった分泌腺を、自分のエネルギーを押さえ込むことや、恐怖と緊張の中に自らを縛りつけることの徴候として認めることができました。

　彼は順番にルーンを踊り始めて、徐々にそれぞれのシンボルに波長を合わせていきました。そして、ルーンの姿勢でポーズを取ることで、くつろげるようになりました。そして、緊張を手放し、不要な恐怖を解き放ち、一方でリーディングの理解を深めていったのです。

　それぞれのポーズでくつろいでいる彼を見て、私は新しい優雅さと気楽さが現れ始めるのを見ました。
　このダンスをつくるには、この説明と同じ手順をたどるとよいでしょう。または、他の配置を用いても構いませんが、その場合もルーンの意味に焦点を合わせることは同じです。

第 4 章

名前の
リーディング

名前のカルマ

私たちの名前は、運命やカルマを携えているのでしょうか？ イタリアの歴史を見るなら、すでに古代ローマにおいて、人の名前は家族の素性だけでなく、特定の個人的な特徴をも示していたことがわかります。それは、名前と名字の両方の価値を高めました。

私たちの世代では、名前と名字の重要性は部分的に失われました。とはいえ、新しく産まれた子に祖父母や親戚にちなんだ名前を付けることで、一族の名前を残すという伝統は、いまだに残っています。

私は、ルーンのシンボルを通して名前をリーディングする研究の中で、名前の選択は偶然ではないことに気づき始めました。

心理学的な観点からすると、名前の選択は枠組みや動機付けを尊重し、それに従う傾向をもたらします——それは時に、流行、スポーツ、または他の文化的な出来事と関わります。しかしどんな場合でも、これは「家族の文化」を示す指標でもあるのです。

カルマと名前の探究にあなたを案内するにあたって、私個人のヴィジョンは、固定したものでも、あらかじめ決められたものでもないということを覚えておいてください。

名前についてのリーディングでは、カルマという東洋的概念を用いますが、いかに生における経験が、生の教訓を学ぶための挑戦と見なせるかということをふまえています。

過去を観察するプロセスを助けること、犯した失敗から学ぶこと、気づきの中で成長し現在を受け入れること——こうしたことは可能です。

　こうして、不運は生きるアートを学ぶために用いることができるのです。

　ルーンと古代のシンボルの不思議な力に戻りましょう。大切なのは、絵画的な記号と音の両方に結びついているルーンの力を思い出すことです。ルーンの名前も同様です。

　記号と音は、ルーンのシンボルを生き生きと力強いものにします。

　自分の名前を日常的に使うことについてちょっと振り返ってみると、あなたはたぶん自分の生の一部と、その呼応する音を理解できるようになるでしょう。

　あなたのアイデンティティーは、あなたの社会的・宗教的生活と共に、絶えずあなたの名前によって刻印されています。あなたは自分を名前で呼び、あなたは名前で呼ばれ、思い出されます。そして、すべての宗教的儀式において、宗教的再誕生を刻印する洗礼のように、また葬儀で生の終わりを署名するように、あなたは常に名前で呼ばれます。

　ちょっと名前を思い出そうとすれば、その人の顔や姿が現れてくるでしょう。もしかしたら、その人が呼び覚ますある種の感情と共に、心の中でその人の声が聞こえてくるかもしれません。

私たちはたいてい、すでに知っている人たちに名前を結びつけます。名前は、すでにその音によって意味づけされています。それは生のすばらしい道連れにも、悪い道連れにもなります。名前の音と記号は道、つまり運命をもたらすのです。

　この点について、あらゆる宗教、あらゆる神秘的な流派が、それぞれの弟子たちに名前を変更させているのを発見したことは、大変印象的でした。キリスト教の司祭や修道女たち、チベットの僧侶たち、ヒンドゥー教または仏教の弟子たち、シャーマンの見習いたち、またはキリスト教に改宗した人たち——異なる霊的な道を持つすべての宗教が、名前を変えることによって、自己の霊的な選択を絶えず想起させています。

　こうしたことは、どれほど多くの知恵が儀式と宗教によって守られてきたか、どれほど多くの力と意味がそれぞれの名前の中に認められているかの一例に過ぎません。

　ルーンは、私たちの生に毎日刻印されている神秘を、部分的に明らかにすることができます。また、成長の経過を表すこともできます。

　きっと私たちの義務は、新しい生を贈り物に変え、そして贈り物を成長のための貴重な道具に変える、そのための錬金術を作り出すことなのです。次の2人の有名人による名前のリーディングは、まさにこのことを証明してくれるでしょう。

名前のリーディング

　名前のカルマをリーディングするには、この章の最後にある「ルーンのアルファベットとキーワード」表を使って、文字をひとつひとつリーディングするとよいでしょう。そして各ルーンを説明するキーワードを用います。もっとも力強い意味を選ぶと、メッセージが簡単にわかるでしょう。

　シンボルが正位置か逆位置にあるかによって、異なる意味を持つルーンが多いことを心に留めておいてください。

　一般的には、シンボルの正位置の意味を使います。しかし、逆位置のルーンが挑戦や障害を示していることを忘れないでください。それは、私たちが運命と戦っているとき、利己的な理屈は霊的な成長と折り合わないと理解しているとき、もしくはそう気づいているときに出会います。

　誠実にルーンを読むことは、いつも楽しく驚きに満ちています。そして、もし偶然にもメッセージが「本当だとするには、あまりにも良すぎる」と思われたなら、そのときは逆位置のルーンをリーディングし、それらがどこへ導こうとしているかを見出すことです。そして、ルーンの肯定的な結果を受け入れるには自分があまりに悲観的であるなら、その時こそ、「幸せでいなさい」というルーンのアドバイスを受け入れる良い機会になるでしょう。

159

〈例1. マザー・テレサのリーディング〉

　カルカッタのマザー・テレサは、カルマのわかりやすい例です。カルマは、すでに名前に刻み込まれています。

　　　　　ＴＥＲＥＳＡ──テレサ

T：『テイワズ』運命、真実、明瞭
E：『エワズ』信仰、誠実、共同
R：『ライゾ』内的成長のための旅
E：再び『エワズ』信仰、誠実、共同
S：『ソウェイル』成就、良い意思、太陽のエネルギー
A：『アンスズ』油断なく醒めていること、新しい関係

　マザー・テレサが誠実に自分の運命に従ったのを見て取るのは容易です――誠実さにおける真実と明瞭さという運命、信仰と他の人たちとの共同という運命。誠実さや、信仰や、他者との共同に基づく内なる成長の旅。太陽のエネルギーによって照らされた、彼女の善良な意思の成就のための計画。

　このようにして油断なく醒めていることを学び、彼女の理想の発展に必要な、新しい関係が作り出されたのです。

〈例2. アドルフ・ヒトラーのリーディング〉

　もうひとつは、有名ではありますが悲劇的なアドルフ・ヒトラーの例です。この場合、逆位置のルーンの意味を読むと興味深いでしょう。マザー・テレサとは根本的に異なりますが、その生の選択が何百万人もの生に刻印を残した人の、悲しむべき展開を理解する手助けになります。

　　　　　ＡＤＯＬＦ──アドルフ

A：『アンスズ』
　　正位置では、メッセージ、コミュニケーション
　　逆位置では、誤解、明瞭さの欠如
D：『サガズ』成功と権力、再誕生、暗闇から光へ
O：『オシラ』
　　正位置では、家族の義務、伝統
　　逆位置では、世代交代、義務の重荷
L：『ラグズ』
　　正位置では、男性と女性の結合、流れ
　　逆位置では、愛憎、直感の遮断
F：『フェイヒュー』
　　正位置では、良い意思と富、豊富さと分配
　　逆位置では、喪失、所有、自己確認

　名前から、すでに国家全体を条件づけ、自分の理想に従わせることのできる人が見てとれます。
　正位置と逆位置のルーンをリーディングし、彼がいかに肯定的な指示に従い、かつ抵抗したかを示しました。

当初、彼はメッセージと周りからのコミュニケーションを受け取りましたが、続けて明瞭さや明晰さの欠如と不可解さに落ちていきました。それは、彼にとって致命的でした。
　第2のルーンは、彼の再誕生を可能にしました——匿名の生という暗闇を通り、成功と権力の光へと向かって。

　彼は自分の流儀で義務感を解釈し、家族の義務と国家の伝統の価値を回復しました。一方で直感を封鎖し、愛憎に制約をもたらしたため、自己、国家、民族への愛という点では、逆に憎しみを抱きました。幸福、富、豊富さで始まったものの、次第にアイデンティティーの自己確認、学識の所有、権力と生の最終的な喪失に変わっていきました。

　名字に移ると、ヒトラーの中には次のものが見られます。

HITLER——ヒトラー

H：『ハガラズ』闘争、努力、混乱

I：『イサ』実存、利己主義、自己中心性

T：『テイワズ』正位置では、真実と明瞭さ、運命
　　　　　　　逆位置では、困難、判断、自己判断

L：『ラグズ』正位置では、男性と女性の結合、流れ
　　　　　　 逆位置では、愛憎

E：『エワズ』正位置では、誠実さ、共同
　　　　　　 逆位置では、新しいことへの抵抗、撤退

R：『ライゾ』正位置では、発展拡大の支援、探究、成長
　　　　　　 逆位置では、困難、道における障害

名字からは、ひどい混乱と闘争を生きる傾向性に気づきます。それは実存の向上、または強い自分本位と自己中心性の助長に関係しています。真実と明瞭さという宿命は、裁きゆえに突如として困難に変わりました。『ラグズ』の流れもまた、愛憎と他者との共同（この場合は国家の全市民）へと変わりましたが、最終的には新しいことへの抵抗に変わっていったのです。
　『ライゾ』が持つ偉大な潜在能力は、発展拡大、探究、成長を支援します。それもまた、道における困難と障害に変わってしまいました。

　この名前のリーディングにおいて、あなたはルーンの中で生ずる「自由な選択」に気づくかもしれません。ルーンは、人生の計画が肯定的なものか、否定的なものかを決められません。ここでの選択は、個人の判断にまかされます。

　ですから名前の中に刻み込まれた運命は、すべてのカルマと同様にひとつの試練、ひとつの可能性と考えられます。
　カルマは無視できない運命ではなく、成長と変革の契機に過ぎません。それを集めようとするか、次の生に至るまでそのままにしておくか——私たちは選べるのです。

ルーンのアルファベットとキーワード

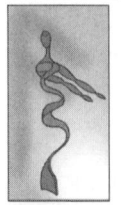

ANSUZ『アンスズ』
■正位置：メッセージ、コミュニケーション、驚き、方便、気付いていること、新たな道・新たなつながり
◆逆位置：明晰さの欠如、コミュニケーションの失敗、無理解、古い行動パターン、混乱

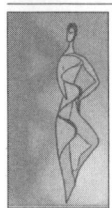

BERKANA『ベルカナ』
■正位置：春、開花、新たな安定を迎える、調和
◆逆位置：成長の妨げ、苛立ち、情緒発達の障害

C/KANO『カノ』
■正位置：火の力、明晰さ、松明の炎、新たな出発、自己に対する新たな信頼
◆逆位置：ずれ、結論、古い思考パターン、夜明け前の闇

DAGAZ『サガズ』
■正位置：繁栄、再生、変容、さなぎから蝶へ、成功と権力、闇から光へ

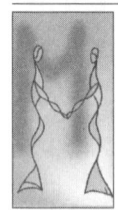

EHWAZ『エワズ』
■正位置：信頼、忠誠、共同、新たな機会・新たな友情
◆逆位置：変化を受け入れられない、新しいものへの抵抗、保留、流れの阻害、ダム

A to N

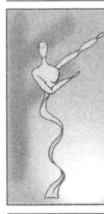

FEHU『フェイヒュー』
■正位置：バランス、祝祭、分かち合う、幸運
◆逆位置：所有、執着、喪失、同一化、エネルギーの漏出

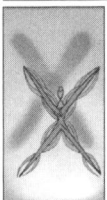

GEBO『ゲーボ』
■正位置：交感、寛容、愛、調和、友情、陰陽、
2人の間のすばらしい贈り物

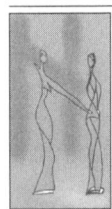

HAGALAZ『ハガラズ』
■正位置：自然の威力、努力、争い、完結、内なる闘い、
不要なものの除去

ISA『イサ』
■正位置：冬、凍結、恐怖、利己的、自己中心、結晶化

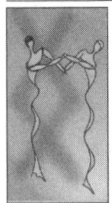

INGUZ『イングズ』
■正位置：豊穣、創造性、活力、潜在能力、
コミュニケーションを通した援助

ルーンのアルファベットとキーワード

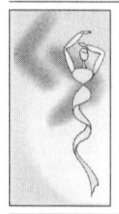

JERA『ジェラ』
■正位置：季節の循環、成長過程に必要な時間、仕事への認識

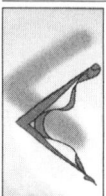

KANO『カノ』
■正位置：火の力、明晰さ、松明の炎、新たな出発、自己に対する新たな信頼
◆逆位置：ずれ、結論、古い思考パターン、夜明け前の闇

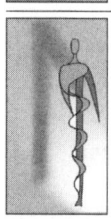

LAGUZ『ラグズ』
■正位置：水の力、流れ、情緒の進化、女性的な直感、男性・女性原理の再結合
◆逆位置：愛憎、停滞、女性的な直感の障害、情緒不安定

MANNAZ『マンナズ』
■正位置：安定した人間性、忍耐、協力、他人を助けることと助けられること
◆逆位置：競争、疎外、あせり、柔軟性の欠如、アンバランス、関係への干渉

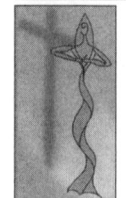

NAUTHIZ『ナウシズ』
■正位置：教訓、必要なものの認識、導きの力として不可欠なもの、制約に直面すること
◆逆位置：教訓、気づかない必要性、反応、圧縮、強制

J to T

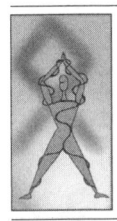

OTHILA 『オシラ』
■正位置：故郷、相続、家族の義務、財産、伝統
◆逆位置：世代交代、骨の折れる相続、義務、
自由の放棄

PERTH 『パース』
■正位置：イニシエーション、隠れた力、変化の時、
原因と結果
◆逆位置：イニシエーションへの抵抗、危機、混沌、
未知なるものへの抵抗、カルマの輪への執着

RAIDO 『ライゾ』
■正位置：実際の旅・精神的な旅、拡張に対する援助、
発展
◆逆位置：精神的・物質的な道の障害、プログラムの変化、
困難、中断、応答能力

SOWELU 『ソウェイル』
■正位置：人間の意志、太陽エネルギー、創造的な実現、
安定したエネルギー、自己現実

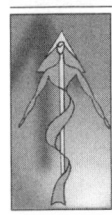

TEIWAZ 『テイワズ』
■正位置：導きの星、真実と明晰さ、正義、
自己の真実に立脚する
◆逆位置：困難、不誠実、判断、自己判断、うそ、
現実との接触の欠如、自己不信

T to Z

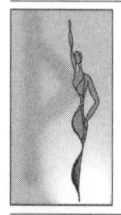

THURISAZ 『スリサズ』
- ■正位置：入口の番人、洞察、過渡と観察の時
- ◆逆位置：頑(かたく)なな態度、警戒、カルマの輪への執着

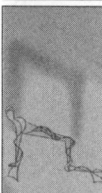

URUZ 『ウルズ』
- ■正位置：変容力、強さ、変化
- ◆逆位置：明晰さの欠如、弱さ、変化への抵抗、雄牛の力と強靭さ

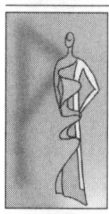

U/WUNJO 『ウンジョー』
- ■正位置：喜び、成功、成熟、理解、祝福
- ◆逆位置：惨めさと不調和、自分が作り出した不幸と困難、行き詰まり

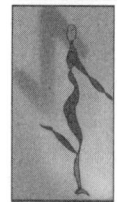

Y/EIHWAZ 『エイワズ』
- ■正位置：回避する力、粘り強さ、辛抱強さ、忍耐、ゆるぎなさ

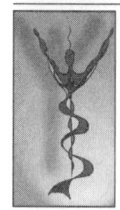

Z/ALGIZ 『アルジズ』
- ■正位置：否定性からの保護、明け渡す喜び、呼吸して神へと至る
- ◆逆位置：不安定、緊張、過保護、防御、根づくもしくは迷う

参考文献

Blum, Ralph:The Book of Runes. St. Martin Press, 1978.
Elliott, Ralph W. V. Runes: An Introduction Manchester University Press, 1963.
Bruce Garrard: A Collection of Runic Lore Unique Publications, 1991.
Howard, Michael: The Wisdom of the Runes Rider, 1985.
The Runes and Other Magical Alphabets Wellingborough, Northants,
 Eng.: Aquarian Press, 1978.

Osho: God is Dead: Now Zen is the Only Living Truth. Rebel Publications.
Dang Dang Doko Dang . Rajneesh Foundation Publications.
The Guest. Rajneesh Foundation Publications.
The Sun Rises in the Evening. Rajneesh Foundation Publications.
The Grass Grows by Itself. Rajneesh Foundation Publications.
The Sound of One Hand Clapping. Rajneesh Foundation Publications.
A Sudden Clash of Thunder. Rajneesh Foundation Publications.
The Zen Manifesto. Rebel Publications.

Page, R. I. An Introduction to English Runes, London: Methuen, 1973.
Ravenscroft, Trevor: The Spear of Destiny London: Neville Spearman, 1972.
Simpson, Jacqueline: The Viking World New York: St. Martin's Press, 1980.
Wilson, David: The Vikings and Their Origins London:
Thames and Hudson Limited, 1970.

※*Oshoの言葉の引用／©Osho International Foundation*

おわりに

　ルーンを試み、ルーンを理解するにつれ、世界や環境や他者に対する関わり方と共に、まさに私たちの人間性が持つ根本的な元型の源に触れます。

　ルーンの知恵の本質は、基本的な感情や、私たちの実存のほかのレベルをも巻き込む感情の共鳴に触れます。

　「ルーンとの戯れ」によって、あなたは霊性に包まれたり、あなたの個人的・社会的存在が刺激され、結合、喜び、そして調和の次元に導かれるのを感じるかもしれません。

　ルーンの忠告に信頼を寄せると、間違った必要性に無意識に依存していることがはっきりわかるかもしれません。それがわかると、人は自然の力、知恵の囁き……魂の沈黙に触れることを選ぶようになるのかもしれません。

　この本の解説が、ルーンとその根源を発見する旅への刺激になったことを願っています。また、アプローチと使い方が単純化され、この「ゲーム」があなたの人生の一部になることを願います。

　これまでのページでみなさんと分かち合った体験を振り返ると、ほんの束の間ではありましたが、不思議で魅惑的なルーンの世界へ近づく扉を紹介するお手伝いになれたことを、嬉しく思います。

ダンシング禅ルーン

2000年6月30日　初版第一刷発行

- ■著　者　　マ・プレム・レティジア
- ■翻　訳　　スワミ・プレム・ムクト、小坂成史、林和子
- ■照　校　　マ・アナンド・ムグダ、マ・プレム・プラバヒ
- ■カバーデザイン　スワミ・アドヴァイト・タブダール
- ■発行者　　マ・ギャン・パトラ
- ■発　行　　㈱市民出版社
  〒168-0071 東京都杉並区高井戸西2-12-20
  Tel. 03-3333-9384　Fax. 03-3334-7289
  郵便振替口座：00170-4-763105
  Ｅ－ＭＡＩＬ：www@shimin.com
  ホームページ：http://www.shimin.com
- ■印　刷　　株式会社　シナノ

落丁・乱丁本はお取り替えいたします。

©Shimin publishing Co.Ltd 2000
ISBN4-88178-175-8 C0010 ¥3400E
Printed in Japan

◆112の瞑想カード

<1枚のカードから始まる自己変容の旅>

この瞑想カードは、あなた自身を開く百十二の扉。五千年前インドに生まれ、禅、ヨーガ、神秘主義など、あらゆるスピリチュアリズムの源泉ともなった経典をもとにしています。

インドの神秘家OSHO(和尚)の解説をヒントに、日常生活の中で気軽に実践できる瞑想法を紹介しています。

タロットカードのように、その時々に応じて選ぶ、遊びに満ちた瞑想導入のためのカードです。

●出典／タントラ秘法の書 全10巻

カラー瞑想カード112枚
瞑想ガイド(説明書)付
定価・4800円(税別)
(送料500円)

自分にふさわしい方法は、試してみるとすぐにぴんとくる。なにかが自分の中で爆発し、「これこそ自分にふさわしい方法だ」とわかる。これらの瞑想法は単純だ。だから遊んでみるといい。もしそこに惹かれるものを感じたら、もしそれに心地よさを感じたら、もしそれが自分に向いていると感じたら、そのときには真剣になる。
──そうすれば奇跡も可能だ。

──OSHO

●カードの使い方
リラックスして目を閉じ、中心が定まったと感じるまでカードをきります。そして裏返して大きな扇をつくります。そこから無作為に21枚とり、自分の前に並べ絵柄を眺めて、自分がいちばん惹かれるカードを一枚または複数選びます。そのカードが最初に試してみる瞑想法です。

発売／市民出版社

■通信販売のお知らせ

＜特製＞木製ルーン
（100セット限定品）

￥1,500（税抜）

《25個のルーンと袋付き》

ルーンのシンボルを掘り込んだ木製ルーンを限定販売中です。ご注文は市民出版社まで。

（送料200円）

タントラ秘法の書
全十巻

「112の瞑想カード」の出典である本書では、カードで使われている経文をより詳しく説明し、112の瞑想法を現代人のためにわかりやすく紹介しています。
（カードNo.1〜112のそれぞれが本書中の経文のNo.と対応しています）

講話：和尚／定価：各本体2428円（税別）
各四六判上製　送料380円

....

発売　（株）市民出版社
〒168-0071　東京都杉並区高井戸西2-12-20
TEL 03-3333-9384　FAX 03-3334-7289
郵便振替口座　00170-4-763105

※お近くの書店にない場合、直接当社宛にご注文下さい。
※定価に消費税と送料を加えて現金書留または郵便振替でご送金下さい。

＜音楽、瞑想CD＞

※音楽、瞑想ＣＤカタログ（無料）ご希望の方には送付致しますので市民出版社まで御連絡下さい。

レイキ ヒーリング ハンド | 全5曲 50分07秒
アヌヴィダ＆ニック・ティンダル

心に浸みわたるやわらかいキボエハーブの響きと波の音、チベッタンベルが織りなすやすらぎの世界。ハートチャクラの活性化をもたらすヒーリングサウンドの超人気盤。音のゆりかごに揺られ、無垢なる魂へと帰る。

¥2,913(税別)

ダンス オブ ザ ライト | 全4曲 72分22秒
ジェイムス・アシュア

ゆるやかに舞う光と音のオーロラ、強烈なインスピレーション。ポジティブで繊細なエネルギーに満ちあふれた空間を創り出す、オーラソーマやヒーリングのための音楽。推奨の一枚。

¥2,913(税別)

レイキ タッチ オブ ラブ | 全5曲 52分05秒
アヌヴィダ＆ニック・ティンダル

光輝く泉から湧き出る水のような音色。キボエハーブとシンセサイザーが奏でるくつろぎのサウンド。キボエの音の波によって創出される無重力感。全身の力がふんわりと抜け、母胎の中に浮かんでいるような感覚をもたらす。

¥2,913(税別)

シャーマニック ヒーリング | 全7曲 60分00秒
カマール

山の精霊の癒し、きらめく水の音、ネイ、ディジュリドゥ、サントゥールを始め多彩な民族楽器によって描き出されるシャーマニックな音の風景。森羅万象のエネルギーを浴び、自然の中で心地よく癒されていくようなお奨めの一枚。

¥2,913(税別)

チャクラサウンド瞑想 | 全2ステージ 60分

7つのチャクラに目覚め、内なる静寂をもたらすサウンドを使ったメソッド。各々のチャクラで音を感じ、またチャクラのまさに中心でその音が振動するように声を出すことにより、チャクラにより敏感になっていく。

¥2,913(税別)

エッセンス オブ ライフ | 全12曲 53分18秒
ロバート・セコイア

月の蒼い光、星降る神秘の夜、癒しの森に響く、美しき叙情詩。ノスタルジックなアコースティックギター、バイオリン、チェロ、ネイティヴアメリカンフルートや小鳥のさえずり等、その繊細で誠実なメロディがそっとあなたのハートに触れる。

¥2,913(税別)

ゴールデン ライト瞑想 | 全2ステージ 20分

黄金の光の輝きが全身へ降り注ぐ光のメディテーション。朝と夜眠りにつく時、息を吸い込みながら大いなる光が頭から体の中に入って足先から出ていくのを視覚化し、息を吐く時闇間が足から入って頭から出ていくのを視覚化する。

¥2,622(税別)

ハート トゥ・ハート | 全10曲 48分30秒
ナダマ

繊細で心優しいピアノとシンセサイザーの透明感あふれる叙事詩。ハートからハートへの贈り物。静寂に響く旋律はあなたの心の海に寄せては返す波のよう。澄みきったピュアな音の流れにハートをゆだね漂うひととき。

¥2,913(税別)

ナーダ ヒマラヤ | 全3曲 50分28秒

ヒマラヤに流れる白い雲のように優しく深い響きを聴く人を内側からヒーリングする。チベッタンベル、ボウル、チャイム、山の小川の自然音。音が自分の中に響くのを感じながら聴くか、音と一緒にソフトにハミングしてもよい。

¥2,622(税別)

アヴァロンの神秘の月 | 全9曲 61分45秒
フランク・オコーナー

ケルト音楽の旋律をイノセントに綴る郷愁溢れる詩的な音の浪漫。ハープ、すず笛、ギター、ピアノ等のアコースティックなハーモニーは、心暖まる素朴なサウンドワールドを創出。無垢なエナジーを呼び覚まし、魂に深く沁み込んでいく。

¥2,913(税別)

※送料／CD 1枚¥300・2枚¥430・3枚以上無料

フレイのルーン

- フェイヒュー p.22
- ウルズ p.26
- スリサズ p.30
- アンスズ p.34
- ライゾ p.38
- カノ p.42
- ゲーボ p.46
- ウンジョー p.48

ハガルのルーン

- ハガラズ p.52
- ナウシズ p.54
- イサ p.58
- ジェラ p.60
- エイワズ p.62
- パース p.64
- アルジス p.68
- ソウェイル p.72

テュールのルーン

- テイワズ p.74
- ベルカナ p.78
- エワズ p.82
- マンナズ p.86
- ラグズ p.90
- イングズ p.94
- オシラ p.96
- サガズ p.100

マスターのルーン

- 禅マスター p.102
- 笑い p.104
- 禅公案 p.108